银行票据产品实务操作培训

立金银行培训中心　著

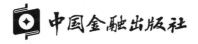

中国金融出版社

责任编辑：贾　真
责任校对：刘　明
责任印制：丁淮宾

图书在版编目（CIP）数据

银行票据产品实务操作培训/立金银行培训中心著. —北京：中国金融出版社，2023.5
ISBN 978 - 7 - 5220 - 1991 - 8

Ⅰ.①银…　Ⅱ.①立…　Ⅲ.①商业银行—票据—业务核算—培训—教材　Ⅳ.①F830.33

中国国家版本馆 CIP 数据核字（2023）第 071152 号

银行票据产品实务操作培训
YINHANG PIAOJU CHANPIN SHIWU CAOZUO PEIXUN

出版
发行　**中国金融出版社**

社址　北京市丰台区益泽路 2 号
市场开发部　（010）66024766，63805472，63439533（传真）
网 上 书 店　www.cfph.cn
　　　　　　（010）66024766，63372837（传真）
读者服务部　（010）66070833，62568380
邮编　100071
经销　新华书店
印刷　河北松源印刷有限公司
尺寸　169 毫米×239 毫米
印张　9
字数　108 千
版次　2023 年 5 月第 1 版
印次　2023 年 5 月第 1 次印刷
定价　35.00 元
ISBN 978 - 7 - 5220 - 1991 - 8
如出现印装错误本社负责调换　联系电话（010）63263947

序　言

最近几年，国内票据业务获得了快速发展，以票据为核心的付款工具，满足了企业支付结算需要，实现了企业信用与银行信用的相互转化，票据表现出旺盛的生命力和广阔的发展空间。

票据最大的风险首先是案件风险，其次是操作风险，最后才是信用风险。票据利益诱惑极大，内部员工很容易被外部人诱惑参与犯罪，所以，票据案件风险必须提防。票据操作政策性极强，因此，对票据从业人员的业务水平要求很高，如果没有清晰地认识票据的本质，就很容易产生巨大损失。在票据的信用风险方面，承兑人到期无力兑付票据，在商业承兑汇票上可能有更大的兑付信用风险，而银行承兑汇票兑付风险很小。

本书具有三个显著的特点：

一是角度新。除了案件风险，票据业务最大的风险是操作风险，而非仅仅是信用风险。本书首次从风险管理、风险控制角度对票据业务进行了全面的描述，使票据业务从业人员迅速地了解和掌握业务经营风险的要点。

二是结构新。本书立足于票据查询、票据流转、票据交付、票据托收、营销出发点和具体业务操作，详细讲解了票据操作的各项风险注意事项，便于票据业务从业人员全面掌握票据业务操作的风险要点。

三是内容新。本书采用最新的票据监管规定和国家政策相关内容，便于票据从业人员了解最新的国家政策，指导自己的工作。票据政策性极强，国家不断推出最新监管政策，我们必须时刻能够跟上。

本书可以作为票据业务操作或管理人员指导业务操作、加强风险管理的有益指南。

我相信，本书的出版必将为中国票据市场的规范发展提供重要的智力支持，作出应有的贡献。

陈立金

目　录

票据产品知识篇

票据图形篇

票据产品知识篇

1. 什么是电子商业汇票？

电子商业汇票是指出票人依托电子商业汇票系统，以数据电文形式制作，并委托付款人在指定日期无条件支付确定金额给收款人或者持票人的票据。具体操作流程详见图1至图3。

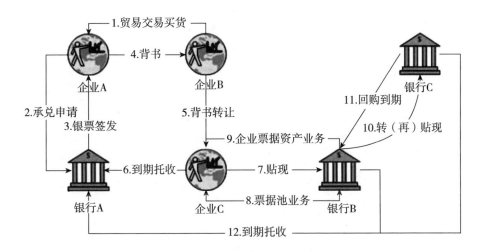

图1　电子商业汇票交易示意

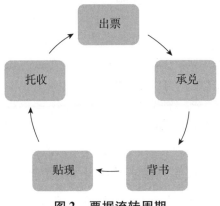

图2　票据流转周期

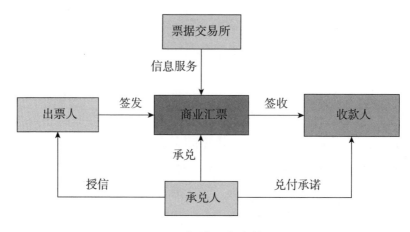

图 3　票据涉及各方情况

【点评】

　　票据是金融创新最活跃的领域，是银行拓展客户最有利的工具，值得银行客户经理认真学习。票据的操作技术要求高，从业人员必须学习票据监管及法律规定，防范操作风险。

2. 什么是电子银行承兑汇票、财务公司承兑汇票和电子商业承兑汇票？

　　电子银行承兑汇票是指银行和农村信用合作社承兑的商业汇票，其中银行主要包括政策性开发性银行、商业银行和农村合作银行。

电子银行承兑汇票承兑人应在中华人民共和国境内依法设立，具有中国银保监会或其派出机构颁发的金融许可证，且业务范围包含票据承兑。

财务公司承兑汇票是指企业集团财务公司承兑的商业汇票。财务公司承兑汇票承兑人应在中华人民共和国境内依法设立，具有银保监会或其派出机构颁发的金融许可证，且业务范围包含票据承兑。

电子商业承兑汇票是由银行、农村信用合作社、财务公司以外的法人或非法人组织承兑的商业汇票。电子商业承兑汇票承兑人应为在中华人民共和国境内依法设立的法人及其分支机构和非法人组织。电子银行承兑汇票和电子商业承兑汇票票样分别见图4和图5。

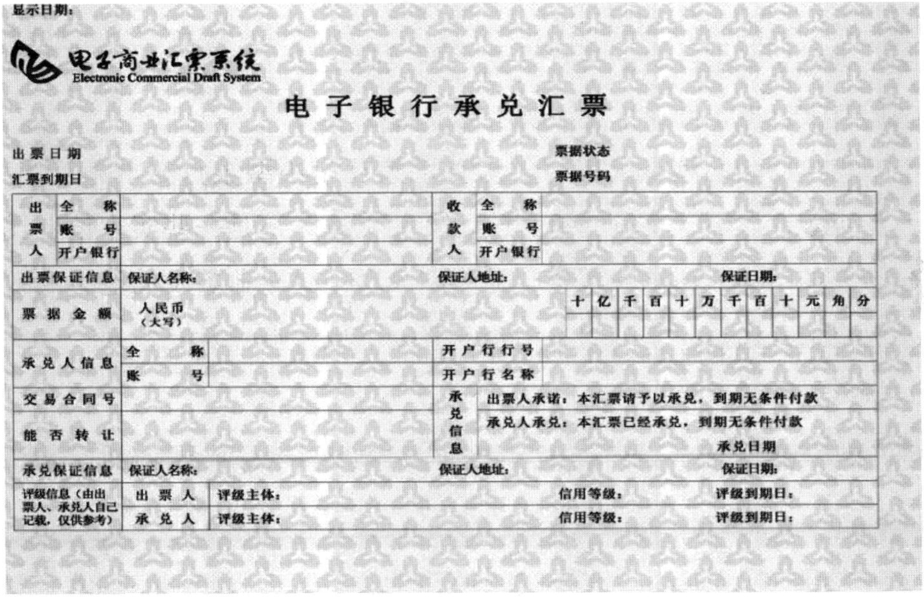

显示日期：

电子商业汇票系统
Electronic Commercial Draft System

电子银行承兑汇票

出票日期　　　　票据状态
汇票到期日　　　票据号码

出票人	全称		收款人	全称	
	账号			账号	
	开户银行			开户银行	
出票保证信息	保证人名称：		保证人地址：		保证日期：
票据金额	人民币（大写）		十 亿 千 百 十 万 千 百 十 元 角 分		
承兑人信息	全称		开户行行号		
	账号		开户行名称		
交易合同号			承兑信息	出票人承诺：本汇票请予以承兑，到期无条件付款	
能否转让				承兑人承兑：本汇票已经承兑，到期无条件付款	
				承兑日期	
承兑保证信息	保证人名称：		保证人地址：		保证日期：
评级信息（由出票人、承兑人自己记载，仅供参考）	出票人	评级主体：	信用等级：		评级到期日：
	承兑人	评级主体：	信用等级：		评级到期日：

图4　电子银行承兑汇票票样

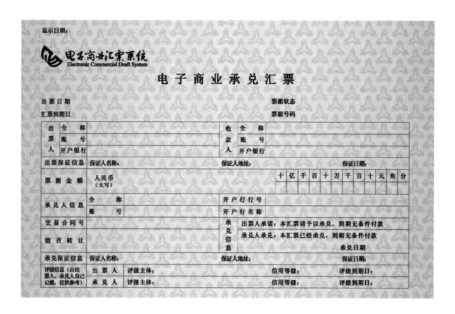

图5　电子商业承兑汇票票样

通常意义上，电子银行承兑汇票风险最低，财务公司承兑汇票风险其次，电子商业承兑汇票风险最大。

但也必须区别是大银行的承兑汇票还是小型银行的承兑汇票；是中央企业、国有企业的财务公司承兑汇票，还是一些实力偏弱民营企业的财务公司承兑汇票；是垄断大型中央企业签发的电子商业承兑汇票，还是一些不知名小企业签发的电子商业承兑汇票，还要仔细考量分辨（见图6）。

电子银行承兑汇票	财务公司承兑汇票	电子商业承兑汇票
·银行信用	·企业信用	·企业信用
·银行为核定授信额度的客户办理银行承兑汇票	·财务公司信用一般等同或低于背靠的集团信用	·商业承兑汇票信用低于企业发行的私募债信用

图6　电子银行承兑汇票、财务公司承兑汇票、电子商业承兑汇票比较

【点评】

电子银行承兑汇票是企业签发和银行担保的欠条；电子商业承兑汇票是企业自行签发并自行担保的欠条。银行担保的欠条是安全的，企业自行担保的欠条是否安全，要看是谁担保的，如果是垄断大型集团企业签发的电子商业承兑汇票，同样是安全的；如果是小型企业签发的，或者资产负债率极高的房地产公司签发的电子商业承兑汇票，风险较大。

3. 什么是票据关系的出票人？

票据关系的出票人是指在交易活动中的买家，依照合同付款金额及期限签发票据并交付给卖家（收款人）。

出票人在汇票承兑前是主债务人。汇票承兑后，出票人退居为次债务人，承担保证付款的责任，而票据第一债务人为承兑人。在电子银行承兑汇票中，承兑银行为第一债务人；在电子商业承兑汇票中，承兑企业为第一债务人。

在电子银行承兑汇票中，出票人必须在银行有授信额度，或者存入足额保证金，才可以签发电子银行承兑汇票。

在电子商业承兑汇票中，出票人自行签发电子商业承兑汇票，与银行无关。对不熟悉电子商业承兑汇票的企业而言，电子商业承兑汇票容易造成一个假象，认为电子商业承兑汇票是通过银行系统签发的，并且银行似乎已背书。其实，银行只是为电子商业承兑汇票的签发人和持票人提供接入票据系统服务，对电子商业承兑汇票不起任何担保性的作用。因此，电子商业承兑汇票一定要识别承兑人，承兑人必须是有实力的大型企业，一定要回避那些中小客户及高风险的开发商等客户。

买方（出票方）与卖方（签收方）对应流程示意如图 7 所示。

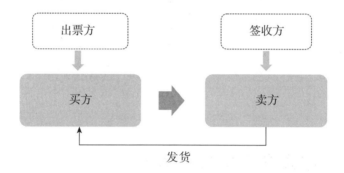

图7　买方（出票方）与卖方（签收方）对应流程示意

【点评】

　　买方因为在商业活动中的交易、采购、支付需要，签发电子银行承兑汇票和电子商业承兑汇票。银行应当拒绝为纯融资性用途的票据提供承兑和贴现服务，这是保证银行自身安全的需要。

4. 什么是票据关系的收款人？

票据关系的收款人是记名票据上的第一持票人，也就是卖方（出票人——在票据上明确记载的卖方）。在第一次交付活动中，收款人就是持票人。收款人的身份只表现在第一次交付活动的时点上，随票据背书转让后，由债权人转为背书人身份的保证人，也就是前手。

在电子商业承兑汇票交易中，如果票面收款人属于特大型企业，就可以起到有效的担保作用，即使是小型企业签发的电子商业承兑汇票，只要有特大型企业持票背书，后手接受该电子商业承兑汇票的风险会较小。

银行应担当企业的财务顾问，帮助企业设计合理的收款工具，引导企业尽可能在交易活动中收取电子银行承兑汇票，避免收取电子商业承兑汇票。而且，尽可能地收取大型银行承兑的电子银行承兑汇票，避免收取小型银行的电子银行承兑汇票。

到期兑付责任流程如图 8 所示。

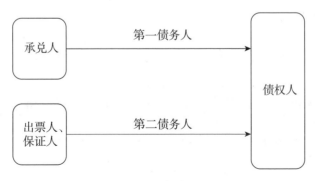

图 8 到期兑付责任流程

【点评】

在商业活动中，卖方为了促成商业交易，获取合理的商业利润，通常会接受电子银行承兑汇票。如果卖方在商业中处于相对弱势的地位，则也可能接受电子商业承兑汇票，毕竟这都远优于接受应收账款的选择。所有的金融结算工具，都是各交易主体在商务交易中强弱实力的反映。

5. 什么是票据的承兑人？

一经承兑，票据的承兑人即票据的付款人，承担在票据到期日支付票款的责任，是票据的第一债务人。持票人在提示付款期内提示付款的，承兑人应在收到提示付款请求的当日至次日（遇法定休假日、大额支付系统非营业日、电子商业汇票系统非营业日顺延）付款或拒绝付款。持票人超过提示付款期提示付款的，接入机构不得拒绝受理。持票人在作出合理说明后，承兑人仍应当承担付款责任，并在上款规定的期限内付款或拒绝付款。电子商业承兑汇票的承兑人在票据到期后收到提示付款请求，且在收到该请求次日起至第3日（遇法定休假日、大额支付系统非营业日、电子商业汇票系统非营业日顺延）仍未应答的，接入机构应按其与承兑人签订的

"电子商业汇票业务服务协议"，进行如下处理：

（1）承兑人的账户余额在该日电子商业汇票系统营业截止时足够支付票款的，视同承兑人同意付款，接入机构应扣划承兑人账户资金支付票款，并在下一日（遇法定休假日、大额支付系统非营业日、电子商业汇票系统非营业日顺延）电子商业汇票系统营业开始时，代承兑人作出付款应答，并代理签章。

（2）承兑人的账户余额在该日电子商业汇票系统营业截止时不足以支付票款的，视同承兑人拒绝付款，接入机构应在下一日（遇法定休假日、大额支付系统非营业日、电子商业汇票系统非营业日顺延）电子商业汇票系统营业开始时，代承兑人作出拒付应答，并代理签章。

【点评】

谁承兑，谁付款。银行决定是否可以办理贴现的前提条件，是看谁是承兑人，且承兑票款金额占用承兑人的授信额度。

6. 什么是票据的背书人?

票据的背书人是指以转让票据权利或委托银行收款为目的，在票据背面签章并将票据交付受让人或受托银行的一方。

背书人实力强，票据质量就会大幅提升。

背书人在票据背面签章后，对票据兑付承担担保责任，所有被背书人都是它的后手；背书人在交付票据给被背书人后，票据权利即由背书人转让给被背书人。

背书人对其后手承担担保票据付款和担保票据承兑的责任，在票据不获承兑或不获付款时，应承担兑付责任。

银行在设计授信主体时，可以充分考虑如果中间一手背书人为大型优质企业，则将其作为授信主体，占用这家优质大型企业的授信额度办理贴现。当然，应当要求这个大型优质企业签署"风险告知函"，知晓商业汇票兑付的连带责任。

票据背书流程如图9所示。

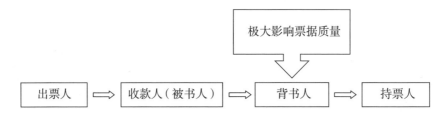

图9 票据背书流程

【点评】

背书是转让的特定意思，表示将自己所持有的票据权利转让给第三方。转让是因为商务交易的付款需要，或者达到继承等目的。

7. 什么是票据的保证人？

票据的保证人是票据债务人以外的第三方，对票据的出票、承兑款等予以保证的人。保证人的作用在于提高票面的债项评级，提升票据质量，使票据更为安全，更有利于票据的流通和转让。保证人由票据债务人之外的人担当，保证人一旦承担保证责任后，就与被保证人承担同一责任。

被保证的商业承兑汇票到期后，持票人可以向付款人请求付款，也可以向保证人请求付款；保证人不得以任何理由拒绝付款。如果保证人履行保证责任，偿付被保证的金额，保证人就可以向被保证人及其前手进行追索。理论上，银行承兑汇票也会有保证人，但是在实际中很少看见。

商业承兑汇票会有担保，保证人通常是母公司，被保证人通常是子公司，子公司作为出票人和承兑人，其自身实力有限，需要母公司在票面加保。

保证人流程示意如图 10 所示。

图 10 保证人流程示意

【政策依据】

《电子商业汇票业务管理办法》（节选）

第五十五条 电子商业汇票的保证，是指电子商业汇票上记载的债务人以外的第三人保证该票据获得付款的票据行为。

第五十六条 电子商业汇票获得承兑前，保证人作出保证行为的，被保证人为出票人。电子商业汇票获得承兑后、出票人将电子商业汇票交付收款人前，保证人作出保证行为的，被保证人为承兑人。出票人将电子商业汇票交付收款人后，保证人作出保证行为的，被保证人为背书人。

【点评】

票据保证是一种增信行为，当票据的出票人、承兑人、背书人等当事人实力偏弱，后手对前手存在疑虑时，后手通常要求前手提供实力强大的第三方保证。

在设计授信方案时，可以充分考虑将实力强大的保证人引入电子商业承兑汇票票面上，增强票据的兑付信誉。

8. 如何进行票据保证？

票据的保证责任属于连带责任。担保人一旦在票据上进行了担保，就表示会与承兑人或者出票人一起处于并列平行的位置，对票据起到有效的信用增级作用。在汇票上的担保人应当为大型知名企业，如大型集团公司等，通常是出票人的母公司承当担保人的角色。

【政策依据】

《电子商业汇票业务管理办法》（节选）

第五十七条　电子商业汇票保证，必须记载下列事项：

（一）表明"保证"的字样；

（二）保证人名称；

（三）保证人住所；

（四）被保证人名称；

（五）保证日期；

（六）保证人签章。

【点评】

　　票据保证是一种增信行为，当票据出票人、承兑人、背书人等将电子票据提交给第三方保证人，保证人收到电子票据担保申请后，按"同意担保"确认键，就实现了在票据上的担保。票据的担保具有无因性。

9. 什么是票据出票？

票据出票是指出票人（交易合同中买方或债权债务中的债务人）按照贸易合同或债权债务关系，根据票据法规定做成票据的行为。出票是汇票产生的前提和基础。无论是银行承兑汇票还是商业承兑汇票的出票，都必须依托于企业的对外真实采购，依托于已发货或者是订单下的预采购进行出票，严禁签发融资性票据，严禁签发有预付款性质的票据，更不能签发交易保证金性质票据。

票据出票流程如图 11 所示。

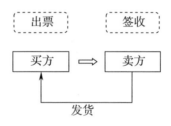

图 11　票据出票流程

【点评】

出票是签发票据的意思表达、付款意愿的行为表示，就像我们用微信准备付款时要扫描二维码。

10. 什么是票据背书？

票据背书就是在可转让的票据后填写接收票据单位的信息，进行转让。

票据的转让背书必须注意，背书必须连续，前一手被背书人为下一次背书的背书人。

票据背书流程如图 12 所示。

图 12　票据背书流程

【点评】
背书属于转让票据权利的行为，背书必须基于真实的贸易背景、真实的债权债务关系进行转移，当然也包括赠与、司法等票据转让方式。

11. 背书的主要含义是什么？

转让背书是转让票据的权利，转让背书的效力表现在以下几个方面：

（1）权利转移。背书生效后，被背书人从背书人手中取得票据并享有票据的一切权利。

（2）权利证明。持票人只要持有背书连续的票据，法律上就推定其为合法的票据权利人，其可以不必证明取得票据的原因，仅凭背书连续即可以行使票据权利；债务人也不必要求其作出取得票据的证明，就可以付款。

（3）兑付担保。背书生效后，背书人即成为票据兑付的隐性保证人，必须承担担保付款的责任。

12. 什么是票据承兑？

票据承兑是指汇票的付款人按照票据法的规定，在汇票上加盖签章，表示其愿意支付汇票金额的票据行为，电子商业汇票使用的是电子签章，在法律上与实务签章效力相同。

票据承兑流程如图 13 所示。

图 13　票据承兑流程

【点评】

票据承兑属于表达承诺付款意思，承兑即表示愿意对票据承担见票付款的责任。贴现银行或者持票人在准备接受票据时，应当关注承兑人的实力。

13. 银行承兑汇票适合哪些客户使用？

在企业的融资组合中，银行承兑汇票应当适度配置在其中，不应占比太高，银行承兑汇票由于期限较短，容易产生流动性风险。

银行承兑汇票适合制造类客户，最重要的票源就是一些大型行业实体客户，如钢铁公司、电力企业、煤炭企业、石油企业、铝加工企业、家电厂商、汽车厂商、焦炭企业等。

银行承兑汇票不适合那些资金周转期限较长的客户，如房地产开发公司、政府平台公司、航空公司、地铁公司等。

银行承兑汇票出现承兑风险，不是银行承兑汇票本身犯了错误，而是一个不适合的客户使用不适合的产品所导致的错误。

【点评】

　　银行营销票据贴现的时候必须目标精准，对一些特定大型制造类企业进行重点营销，这样效果往往比较好，通常都是钢铁公司、汽车公司、石油公司、家电公司。通常服务类型客户很少持有票据，如大学、医院等。

14. 银行承兑汇票适合的商业交易具备什么特点？

　　银行承兑汇票适合短期商品交易，不适合长期商品交易。长期交易资金缺口一定要通过流动资金贷款解决，短期交易的缺口通过银行承兑汇票来满足。

　　票据签发的期限要与这笔交易从开始到执行结束的期限挂钩，通常与商品的周转期限保持一致。

　　资金周转期限长的客户使用银行承兑汇票有巨大的流动性风险。

【政策依据】

　　《商业汇票承兑、贴现与再贴现管理办法》（节选）

　　第二十五条　商业汇票的付款期限应当与真实交易的履行期限

相匹配，自出票日起至到期日止，最长不得超过 6 个月。

　　银行承兑汇票如果集中签发，集中到期，对企业的资金周转能力要求极高。一旦票据集中到期，集中兑付会使企业的资金链高度紧张。而且银行承兑汇票期限在 6 个月以内，对企业的资金压力会变得更大（见图 14）。

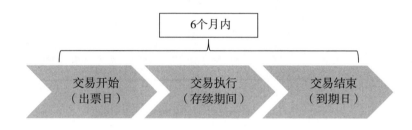

图 14　银行承兑汇票对应交易期限

　　银行引导企业将银行承兑汇票到期日进行合理排序，与企业的经营现金流期限保持一致，确保防范流动性风险。

　　适合和不适合银行承兑汇票交易分析如图 15 所示。

适合银行承兑汇票交易	不适合银行承兑汇票交易
□ 原材料采购	□ 大型机器设备等
□ 家电等经销品采购	□ 基础设施工程款支付
□ 医药等物资采购	□ 航空器、铁路机车等款项

图 15　适合和不适合银行承兑汇票交易分析

【点评】

　　由于银行承兑汇票期限较短，因此，对企业的资金周转能力要求极高。

　　银行承兑汇票适合强势大企业使用，不适合资金周转能力偏弱的中小企业使用。

15. 银行受理银行承兑汇票业务时审查、审批和承兑的基本流程是什么？

　　商业银行受理承兑业务时有关审查、审批和承兑的基本流程如下。

　　承兑时，信贷部门负责受理客户申请，并对承兑申请人的有关情况进行审查。审查内容包括：

　　（1）承兑申请人的合法资格。

　　（2）该笔业务是否具有真实的贸易背景。

　　（3）该笔业务是否控制在授信额度内。

　　（4）承兑申请人经营情况、财务状况及现金流量。

　　（5）承兑申请人的信誉状况，近两年是否有不良记录。

　　（6）对按规定需要提供担保的，审查承兑申请人能够提供足值、有效的担保。

（7）其他需要审查的事项。

银行承兑汇票业务属于银行的表外业务，银行实质承兑企业的信用风险，务必非常谨慎，类同贷款一样，进行严格审查。

银行承兑汇票审查流程如图16所示。

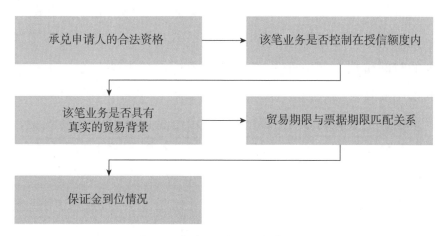

图16　银行承兑汇票审查流程

【点评】

　　银行在为企业核定授信额度时，如果在1000万元的情况下，无论是给企业办理1000万元的银行承兑汇票，还是办理1000万元的贷款，风险度一样。办理流动资金贷款，很难监控企业的真实信贷资金用途。办理银行承兑汇票，有确定的收款方，同时银行承兑汇票需要增值税发票合同，可以有效地监控信贷资金的用途。

16. 银行承兑汇票主要品种分别是哪两种？

银行承兑汇票主要品种分为全额保证金银行承兑汇票和敞口银行承兑汇票。部分企业签发全额保证金银行承兑汇票，是为了获取资金的时间价值；部分企业签发敞口银行承兑汇票，是为了获取银行的信用支持。

全额保证金银行承兑汇票资金一定是企业自有经营性现金，而不是贷款转全额保证金。贷款转全额保证金是将原本用途的信贷资金挪用，属于银行严重违规行为。

敞口银行承兑汇票属于银行的表外信贷业务，可以为银行吸收存款，对签发企业而言，可以将财务费用转嫁给上游客户。

银行承兑汇票品种分类如图 17 所示。

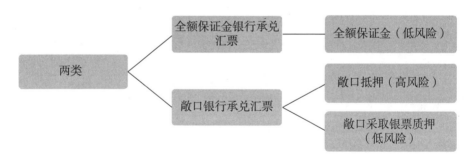

图 17 银行承兑汇票品种分类

17. 什么是票据转贴现、质押式回购和买断式回购？

票据交易包括转贴现、质押式回购和买断式回购。

转贴现是指卖出方将未到期的已贴现票据向买入方转让的交易行为。转贴现是两家银行之间的贴现，卖出银行类似融资的企业，买入银行类似发放融资款的银行。

质押式回购是指正回购方在将票据出质给逆回购方融入资金的同时，双方约定在未来某一日期由正回购方按约定金额向逆回购方返还资金、逆回购方向正回购方返还原出质票据的交易行为。

买断式回购是指正回购方将票据卖给逆回购方的同时，双方约定在未来某一日期，正回购方再以约定价格从逆回购方买回票据的交易行为。

【点评】

转贴现是名义上的票据卖断行为，实际上，票据受让方对票据出让方仍然有追索权。

质押式回购是以票据作为质押进行一种短期融资融入，票据权属不发生转移。

买断式回购是双方在确定的日期，就票据买卖交割的行为进行双向的买断协议约定，票据权属发生转移。

18. 票据到期后的偿付顺序是怎样的?

根据《票据交易管理办法》第四十三条的规定，票据到期后偿付顺序如下:

(1) 票据未经承兑人付款确认和保证增信即交易的，若承兑人未付款，应当由贴现人先行偿付。该票据在交易后又经承兑人付款确认的，应当由承兑人付款；若承兑人未付款，应当由贴现人先行偿付。

(2) 票据经承兑人付款确认且未保证增信即交易的，应当由承兑人付款；若承兑人未付款，应当由贴现人先行偿付。

(3) 票据保证增信后即交易且未经承兑人付款确认的，若承兑人未付款，应当由保证增信行先行偿付；保证增信行未偿付的，应当由贴现人先行偿付。

(4) 票据保证增信后且经承兑人付款确认的，应当由承兑人付款；若承兑人未付款，应当由保证增信行先行偿付；保证增信行未偿付的，应当由贴现人先行偿付。

【点评】

承担票据第一付款责任的首先是承兑人，其次是保证人，最后是贴现人。因此，是否办理贴现，应先看票据承兑人的要求。

19. 办理银行承兑汇票贴现流程是什么？

办理银行承兑汇票贴现首先需要核实承兑银行的实力，占用承兑银行同业授信额度。

大型银行对中小银行核定的同业授信额度往往非常紧张，需要经办支行去"抢"。市场化保理公司等办理中小银行的银行承兑汇票贴现，应当实地核实这些中小银行对这些集团公司的授信额度。

对中小商业银行对其大股东办理的大额银行承兑汇票要非常谨慎，防范兑付风险。

银行承兑汇票流程如图 18 所示。

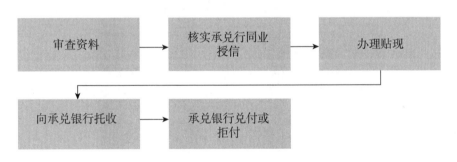

图 18　银行承兑汇票流程

20. 票据贴现中贸易背景资料审查目的是什么？

贴现环节要求贸易背景，通常通过最后手持票人与其直接前手之间合同和增值税发票，来判断最终持票人是合法的持票人，持有票据已经完成了交易对价支付。

贸易背景资料是指在商业汇票贴现，银行必须验审的商业汇票、商品交易合同、增值税发票、营业执照等与票据真实贸易背景相对应的文件。

在商业汇票的交易过程中，审查商业汇票对应的贸易背景资料，确保银行贴现的合法合规性。审查汇票对应的真实贸易背景，也是为了保护贴现银行。只有具备真实贸易背景的银行承兑汇票或商业承兑汇票，才算承兑人通过了公司内部完善的审批流程，属于承兑人的真实负债。银行办理贴现最担心的就是办理体外票据，这类不是承兑人经过合法审批通过的票据。

出票环节及贴现环节贸易背景要求如图 19 所示。

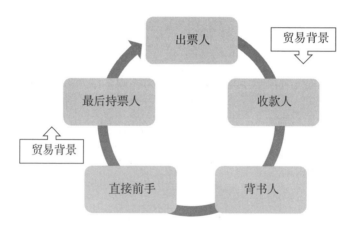

图 19　出票环节及贴现环节贸易背景要求

21. 银行如何帮助企业实现最优贴现？

银行应当帮助企业将票据进行分类管理，大票、小票、短票、长票、银票、财票、商票分类管理，分别选择合理的金融机构进行贴现，将可以获得最优的贴现利率。

通常民营银行贴现速度极快，资料要求较低；大型国有商业银行贴现速度慢，资料要求高，但是贴现利率较低，且能提供票据池等服务。

同时，对利率市场走势进行合理分析，帮助企业预测贴现利率走势，选择合理的贴现节点。

贴现考虑因素如图20所示。

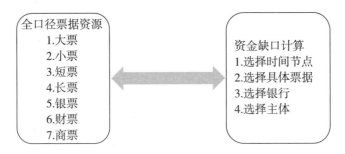

图20　贴现考虑因素

【点评】

　　对相当一批大客户，他们可能需要更多的是我们提供的延伸服务，包括对票据市场的预判、票据的管理等，而对直接贴现、直接融资的服务需求量反而较少，这些客户不缺钱。而银行提供软服务，是为了进一步有机会销售更多的直接贴现、票据置换等高毛利服务，只要你有足够的耐心，只要你提供足够优质的服务，大客户总会给你机会，这些大客户要么不办理贴现，一但贴现金额就是巨量，给银行创造足够收入。

22. 办理财务公司承兑汇票贴现流程是什么？

金融机构办理财务公司承兑汇票贴现，需要对财务公司核定授信额度，通过公开收集财务公司依托的集团母公司的实力、管理规范程度、股东背景等相关资料，核定财务公司的授信额度，占用财务公司的授信额度办理票据贴现。

财务公司承兑汇票第一债务人为财务公司，财务公司的实力及信用决定了承兑汇票的兑付。

财务公司承兑汇票贴现流程如图 21 所示。

图21　财务公司承兑汇票贴现流程

【点评】

财务公司承兑汇票属于最新发展的新品种，各家银行对这项业务的重视程度都不够，哪家银行率先认知财务公司承兑汇票的潜力，一定会获得巨大的收益。财务公司这个群体大部分实力较强，未来的发展前景极为广阔。

23. 三类商业承兑汇票签发流程是什么？

对一些资金松散的公司，往往是公司签发商业承兑汇票，公司承兑；对一些资金集中管理的公司，通常是子公司签发商业承兑汇票，母公司承兑；对采购、销售资金全部集中统管的集团公司，通常是母公司签发商业承兑，母公司承兑。无疑最后一种管理资金模式的公司对银行最有保障。

三类商业承兑汇票签发流程如图 22 所示。

子出子兑	子出母兑	母出母兑
□ 子公司签发	□ 子公司签发	□ 母公司签发
□ 子公司承兑	□ 母公司承兑	□ 母公司承兑
□ 风险较大	□ 风险稍大	□ 风险最小

图22　三类商业承兑汇票签发流程

24. 办理商业承兑汇票贴现流程是什么？

商业承兑汇票贴占用承兑企业的授信额度，商业承兑汇票的签发企业可以要求不高，但是，商业承兑汇票的承兑企业必须是大企业，有足够的兑付能力。

商业承兑汇票贴现流程如图 23 所示。

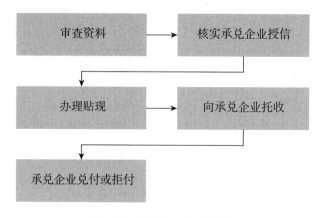

图23　商业承兑汇票贴现流程

【点评】

　　商业承兑汇票是一个巨大的潜力市场，虽然一段时期商业承兑汇票被部分开发商拖累，声誉不佳，但是商业承兑汇票彰显了企业自身的实力和信用，大企业更习惯使用商业承兑汇票，这也是未来的趋势。

25. 什么是集团票据池？

　　集团票据池是将集团所有成员单位视同一个整体，在集团资金部统一策划下，建立的全集团统一调剂的票据资源整合中心。

　　集团票据池实现"两小一短""要素不匹配""采购与财务割裂""大型集团跨区域集中管理"四大功能，并将服务对象从单一企业向集团客户、财务公司，甚至大型跨区域集团客户、B2B 电商平台拓展。

银行将对接的融资品种从传统的承兑、流贷、贸易融资，拓展至跨境联动融资、供应链融资等，从而实现向企业客户提供真正意义上的全面交易银行创新服务。

集团票据池流程如图 24 所示。

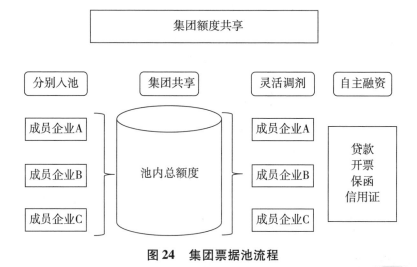

图 24 集团票据池流程

【点评】

大型集团客户将来一定是对票据进行集约化管理，以降低整个集团的票据管控风险，降低无效票据头寸，挖掘票据创收潜力，实现管理票据增值。银行会走出提供简单的贴现质押融资的初级阶段，转为帮助客户管理票据，实现票据保值增值的高价值延伸服务。

如同零售银行，传统的银行是帮助客户保管资金，帮助客户实现一定的存款收益，而未来的银行一定是财富银行，帮助企业、个人管理资金，实现资金的低风险管控并增值。

26. 票据贴现、转贴现的计息期限是多长时间？

根据《票据交易管理办法》第四十六条的规定，票据贴现、转贴现的计息期限，从贴现、转贴现之日起至票据到期日止，到期日遇法定节假日的顺延至下一个工作日。

【点评】

在办理贴现业务确定贴现计息日期时，务必注意节假日到期的票据，将到期日顺延至下一个工作日。

27. 质押式回购和买断式回购的最短期限是多少？

根据《票据交易管理办法》第四十七条的规定，质押式回购和买断式回购最短期限为 1 天，并应当小于票据的剩余期限。

票据质押式回购属于银行间拆借资金的一种工具，类似于银行间市场的同业拆借。

银行间市场同业拆借属于信用借款，而票据质押式回购属于质押票据方式的同业借款。

【点评】

必须在票据有效期限内，进行质押式回购和买断式回购。

28. 质押式回购的回购金额是多少？

根据《票据交易管理办法》第四十八条的规定，质押式回购的回购金额不得超过质押票据的票面总额。

由于采取质押式回购，票据作为质押物，融资的金额不能超过质押物的金额。

由于银行同业之间拆借，双方的信用等级较高，质押率通常远高于普通质押的质押贷款。

同业之间通常采取客户准入方式，核定同业额度，将银行间的信用拆借和票据质押式回购融资都纳入同业额度管理。

【点评】

票据作为载体进行质押式回购，回购的金额必须小于或等于票面金额，因为票据本身是加入回购的担保物。

29. 票款对付和纯票过户是指什么？

根据《票据交易管理办法》第四十九条的规定，票据交易的结算通过票据市场基础设施电子簿记系统进行，包括票款对付和纯票过户。

票款对付是指结算双方同步办理票据过户和资金支付并互为条件的结算方式。

纯票过户是指结算双方的票据过户与资金支付相互独立的结算方式。

在办理票据贴现、同业票据转贴现、票据托收时，应当采取线上票款对付模式，一手交钱，一手交票，避免线下操作。

办理纯票过户，应先支付资金，或者先支付票据。避免当一方信用不足时，会损失钱或损失票，存在风险。

票款对付流程和纯票过户流程分别如图25和图26所示。

图25　票款对付流程

图26　纯票过户流程

【点评】

　　票款对付是对交易双方都非常安全的一种交易模式，在实际交易中尽可能地选取这类操作方式，如贴现、转贴现等，都可以选择票款对付。

30. 票据无因性是指什么？

　　票据行为只要按照法律规定的要点进行，就发生效力，不受背书交易关系的影响。无论持票人因何原因得到的票据，只要是最后一手持票人，承兑人就有责任进行兑付，这种规定体现的就是票据行为的无因性。但是，承兑人对第一手持票人（票面收款人）有对抗的权利，持票人必须支付对价。

票据就是一种准货币，必须给予票据超脱于具体纠纷的权利，否则，票据极难流通。

票据的要式性确保了无因性。票据的无因性在于，只要是最后的持票人办理托收，承兑人必须见票付款。

只有司法机构才能止付，承兑人见到司法文书后办理止付，其他机构无权要求承兑人停止付款，以及将票据款支付到无关的非持票人的第三方。

票据的灵魂和生命就在于流通和信用，对于善意、合法取得的案涉商业汇票，应保护善意持票人并保证票据的流通和信用。

【案例】

夏××诉××中联公司票据损害赔偿责任纠纷一案评析

原告：夏××

被告：××中联公司

一、案由：票据损害赔偿责任纠纷

××起重经销部是个体工商户，业主为夏××。20××年11月22日，××实业公司收到××银行签发的票号为21×××194的银行承兑汇票，出票人为××公司，收款人为××实业公司，付款银行为××银行，出票日期为20××年11月22日，汇票到期日为20××年5月22日，金额为10万元。同日，××起重经销部从某实业公司取得该汇票。在该汇票上先后签章背书的有××实业公司、××起重经销部、××中联公司、××商贸公司、××包装公司。

20××年12月22日，××起重经销部以承兑汇票丢失为由，向××区人民法院申请公示催告。在公示催告期间，××包装公司以合法享有票号为21×××94的银行承兑汇票权利为由，于20××年3月5日向××区人民法院申报权利，该法院于同日作出了×××字第××号民事裁定书，终结公示催告程序。

20××年11月3日，被告××中联公司与××商砼公司签订水泥销售合同，××商砼公司购买××中联公司的水泥，20××年11月24日，××商砼公司将票号为21×××94（金额为10万元）的银行承兑汇票作为预付款交给被告××中联公司，被告××中联公司收到后分别在汇票粘单的粘接处和背书人位置签章。

原告夏××以被告××中联公司没有支付对价为由，向×××经济开发区人民法院起诉，要求被告××中联公司支付票据金额10万元。

二、判决结果

×××经济开发区人民法院经审理认为，票据具有无因性，持票人不必证明其取得票据的原因，仅依票据上所记载的文义就可请求给付一定的金额。

《最高人民法院关于审理票据纠纷案件若干问题的规定》第四十八条规定："依照票据法第二十七条和第三十条的规定，背书人未记载被背书人名称即将票据交付他人的，持票人在票据被背书人栏内记载自己的名称与背书人记载具有同等法律效力。"因此，汇票的转让既可以采取背书形式，也可以采取交付形式。采用交付形式转让的，只要受让人取得票据时是善意的，并向转让人支付了对价，受让人即获得票据权利。采用该形式转让的，在汇票上签章前后依次衔接的当事人之间就不一定存在基础关系。涉案汇票是采用交付方式转让的，原告与被告之间不存在直接的债权债务关系，因此无须对其基础关系进行实质性审查。《中华人民共和国票据法》第三十一条规定："以背书转让的汇票，背书应当连续。持票人以背书的连续，证明其汇票权利；非经背书转让，而以其他合法方式取得汇票的，依法举证，证明其汇票权利。"被告××中联公司提供了与案外人某商砼公司签订的销售合同、证人证言及增值税发票等证据，证明其取得涉案票据是通过买卖合同关系并向对方支付了对价，被告××中联公司取得票据是善意的、合法的，而非不当得利。

综上所述，原告夏××要求被告××中联公司支付票据金额10万元，既无事实根据，也无法律依据，判决驳回原告夏某某的诉讼请求。

一审判决后，双方均未提起上诉，该判决为生效判决。

31. 票据文义性是指什么？

票据文义性是指票据行为的内容是以票据上记载的事项为依据的，内容必须完整，且前后逻辑一致。

持票人的票据权利和债务人的票据义务都是按照票据上的记载事项来确定的，根据票据确定债权债务金额及清偿期限，不能以票据上记载事项以外的事实或证据改变票据上记载的内容。

《中华人民共和国票据法》规定了具体金额、有明确的出票日和到期日，就体现了票据行为的文义性特征。

【点评】

因有票据不接受案外第三方当事人的说法，很多企业以与票据当事人存在经济纠纷为由主张的票据权利，一般都不会得到支持。

32. 银行承兑汇票可以带来存款吗？

银行在为企业办理银行承兑汇票时，需要企业交存一定比例的保证金，这些保证金就是银行存款。例如，银行为企业核定 1000 万元授信额度，30% 的保证金，银行就可以获得 300 万元的保证金存款。

例如，企业持 1000 万元，6 个月的银行承兑汇票来银行办理质押贷款，银行为其提供 9 个月的贷款，那么银行就会有 3 个月的存款。

【严禁事项】

1. 不得将贷款转为银行承兑汇票保证金。
2. 不得将银行承兑汇票贴现后的款项转为保证金。
3. 不得将商业承兑汇票贴现后的款项转为保证金。

【点评】

　　银行承兑汇票是企业非常重要的结算工具，只要银行为企业不断地签发银行承兑汇票，企业就会将结算流水账户放在这家银行，这家银行就有稳定的结算存款，所以一定要根据客户的真正支付结算需要，高频次、小金额、不间断地签发银行承兑汇票，服务于企业的真实采购。

33. 商业承兑汇票可以带来存款吗？

　　企业在签发商业承兑汇票后，需要银行提供商业承兑汇票保贴或保押的服务，银行同样可以要求企业向银行缴存保证金存款。如果是企业单纯签发的商业承兑汇票，不需要银行提供商业承兑汇票保贴或保押的服务，则无须向银行交存任何保证金。

　　银行应当竞争主要结算银行的地位，只有企业在自己的银行大量办理结算，才会沉淀低成本的结算存款，银企合作关系才会稳固。

　　商业承兑汇票属于企业日常使用的远期结算工具，只有"小金额、高频次"地签发商业承兑汇票，才会给开户银行带来稳定的结算存款。

【点评】

商业承兑汇票依据企业的真实采购场景，企业根据应付账款的支付需要，笔笔对应签发商业承兑汇票，企业以销售现金回流兑付商业承兑汇票，会形成正向的吸引资金的效应。

34. 银行承兑汇票、商业承兑汇票是否可以办理质押？

《中华人民共和国民法典》第四百四十条规定：债务人或者第三人有权处分的下列权利可以出质：

（1）汇票、支票、本票；

（2）债券、存款单；

（3）仓单、提单；

（4）可以转让的基金份额、股权；

（5）可以转让的注册商标专用权、专利权、著作权等知识产权中的财产权；

（6）现有的以及将有的应收账款；

（7）法律、行政法规规定可以出质的其他财产权利。

根据《中华人民共和国民法典》第四百四十条可以得知，银行承兑汇票和商业承兑汇票均可以办理质押，对银行都有极好的保护作用。

电子银行承兑汇票和电子商业承兑汇票质押非常便利，只要在网银端提交质押背书，银行签收即可以完成质押动作。

【案例】

《××省高级人民法院民事判决书/（20××）×商终字第0087号》

一、案情简介

A银行与B公司签订授信额度协议、最高额质押合同，约定由A银行为B公司提供2000万元的授信额度，B公司以金额为2500万元的商业承兑汇票提供质押担保，票据的出票人、承兑人、付款人都是C公司。合同签订后，B公司将质押票据背书交付A银行。A银行与B公司签订国内商业发票贴现协议，并向B公司支付了2800余万元，后B公司有1200万元未按约清偿。因此，A银行作为票据质权人，向C公司提示付款，C公司以B公司未向其供货为由，拒绝付款。由此，A银行起诉至法院，要求C公司支付汇票金额2500万元。C公司以A银行只能限于1200万元的债权金额行使票据权利提出抗辩。

二、法院判决

一审法院认定，案涉汇票系文义证券，故票据上所记载的文义内容即票据当事人之间的权利与义务。该文义性表明票据权利在行使时不允许分割行使。A银行就所得票据款超出其债权额的部分，应向B公司返还或提存。

二审法院认定，票据金额不可分割。《中华人民共和国票据法》第九条规定："票据金额、日期、收款人名称不得更改，更改的票据无效。"可见，票据金额不可以分割。C公司关于A银行只能限于质权金额行使票据权利的主张，不符合法律规定，不能成立。

【政策依据】

《中华人民共和国票据法》第九条规定："票据上的记载事项必须符合本法的规定。票据金额、日期、收款人名称不得更改，更改的票据无效。对票据上的其他记载事项，原记载人可以更改，更改时应当由原记载人签章证明。"

35. 在票据置换业务中，质押票据若早到期，托收回来的资金怎么处理？质押票据到期日是否可以早于主债权（短票换长贷是否有法律保证)？

《中华人民共和国民法典》第四百四十二条规定："汇票、本票、支票、债券、存款单、仓单、提单的兑现日期或者提货日期先于主债权到期的，质权人可以兑现或者提货，并与出质人协议将兑现的价款或者提取的货物提前清偿债务或者提存。"

票据可以办理质押，将质押的银行承兑汇票托收回来的资金可以存放在企业在银行开立的保证金账户，继续办理质押。这些资金产生的利息归出质人。这样，银行贷款将由两部分质押物组成，第一部分质押物为银行承兑汇票，第二部分质押物为定期存单。

票据池的基本原理就是将客户提交管理的票据入池，为企业新签发长期限的银行承兑汇票、保函或流动资金贷款等，通过入池票据托收回来的资金，继续作为担保。因此，票据池背后是短票换长贷的基本原理。

36. 质押方式融资需要提供增值税发票吗？企业持银行承兑汇票来银行融资，但是提供不了增值税发票，该如何处理？

很多民营企业持银行承兑汇票来银行寻求融资，而且票据也具有真实的贸易背景。但是，由于交易中收到的票据属于清偿债务，或者交易不规范，提供不了增值税发票，银行是不可以贴现的，仅能采取质押贷款的方式提供融资。

【点评】

在实际操作中，很多企业通过票据方式获得融资。例如，在施工行业，很多企业属于挂靠形式，没有增值税发票。因此，银行提供银行承兑汇票质押贷款类产品的机会极多。

在这种情况下，银行仍需要控制质押操作风险，要求持票人提供可以确认权属的证据，证明其为合法的持票人。需要持票人提供增值税发票更多作用在于确权证据。

合规，应当珍藏在银行人的内心，而不是为了应付监管。

37. 企业做贴现业务，一定要在贴现银行开户吗？

《最高人民法院关于审理票据纠纷案件若干问题的规定》第五十五条规定："商业汇票的持票人向其非开户银行申请贴现，与向自己开立存款账户的银行申请贴现具有同等法律效力。但是，持票人有恶意或者与贴现银行恶意串通的除外。"

从上述规定可以看出，企业可以不申请贴现银行开立账户。但是，银行必须将贴现后的资金划入申请人的同名银行账户。

这对拓展银行承兑汇票非常有好处，签发银行承兑汇票的主体通常是本地企业，而收款人很可能是外地企业，这类外地企业一般不会在本行开户。

在实务操作中，开户并不是贴现的必须规定。但是，从出于竞争的角度来看，银行仍应积极营销贴现申请人，为其提供一定的贴现利率优惠等，吸引客户尽可能在本行开户，稳定与客户的合作关系。

【实务操作借鉴】

工商银行办理票据贴现是否一定要开户？是否要评定信用等级和授信？

工商银行票据营业部是经人民银行总行批准的工商银行一级分支机构，专门经营票据业务，它不需要在工商银行票据营业部开立传统意义上的存款户、结算户和贷款户。它仅要求客户在转让票据后，需要划转资金时开设一个过渡性的转账户头。一般不需要对客户评定信用等级和授信，但需要根据客户提供的机构信用代码，查询其开户的商业银行对其评定的信用等级和有关授信的资料或信息。①

38. 商票到期企业不兑付怎么处理？

《中国人民银行关于促进商业承兑汇票业务发展的指导意见》提到，商业承兑汇票的付款人对到期的商业承兑汇票故意拖延支付、无理拒付的，人民银行将按照《票据管理实施办法》第三十三条的规定，对其处以每日票据金额 0.07‰ 的罚款。

对于屡次无理拒付、拖延支付的，商业银行除应停止为其办理商业承兑汇票贴现、保证、保贴等业务外，还可中止办理部分直至全部支付结算业务。

【商业承兑汇票风险防范】

1. 小型企业签发的商业承兑汇票风险非常大，一定要查看最高法失信人名单，看该企业是否在失信人名单中。

2. 看商业承兑汇票逻辑是否成立，买卖双方之间是否存在交易，或者交易量为何如此之大。对于一些明显超过其经营实力范围的商业承兑汇票一定要谨慎。

3. 对于解决应收账款的商业承兑汇票一定要谨慎，很多开发商拖欠大型施工企业的工程款，就向施工企业签发商业承兑汇票来支

---

① 资料来源：www.icbc.com.cn。

付工程款，银行通过贴现该商业承兑汇票来帮助施工企业解决应收账款问题。通常这类开发商的融资能力差，根本没有兑付商业承兑汇票的现金流，这类贴现操作风险非常大。

【商业承兑汇票不获兑付处理流程】

第一步，及时取得拒付证明。商业承兑汇票到期不能收回款项时，权利人需要取得付款义务人拒绝付款的证明材料，可以是义务人出具的书面拒付证明、托收行出具的义务人账户余额不足等书面材料，义务人的工作人员拒绝支付的影像资料、邮件、聊天记录等也要及时收集、保存，多多益善。

第二步，提起诉讼。当该商业承兑汇票是经过背书转让的，或者给付票据的一方并非该商业承兑汇票上记载的任一参与主体的，最后持票人选择依据什么法律关系提起诉讼显得尤其重要，不同的法律关系，在管辖、诉讼时效、被告的确定、经济权利要求方面均存在重大的区别。权利人应当根据个案情况、证据情况进行综合分析比较，选择对自己最有利的法律关系适用，以争取权益最大化。

【点评】

商业承兑汇票一旦被拒付，应当立即发起追索。同时，向商业承兑汇票开户银行所在地的人民银行进行投诉。如果是没有贸易背景的商业承兑汇票，应立即向公安机关报警，以诈骗事由追索资金。

39. 银行在做票据质押融资业务中，若票据债务人以自己与出票人或者与持票人的前手之间的抗辩事由对抗办理票据托收的银行，银行能到期托收资金吗？

《中华人民共和国票据法》第四十四条规定："付款人承兑汇票后，应当承担到期付款的责任"；第十三条规定："票据债务人不得以自己与出票人或者与持票人的前手之间的抗辩事由，对抗持票人。"因此，银行对因质押贷款而善意取得的银行承兑汇票，享有票据权利，可依法请求承兑银行付款，承兑银行不得抗辩。

善意的持票人是指在取得票据时，善意地付了对价的持票人，其取得的是表面完整、合格、未到期的票据，不知该票据曾被退票过，也不知前手的权利有何缺陷。

善意持票人对票据拥有完全的权利，并且不受其前手权利缺陷的影响，可以取得优于前手的票据权利。

40. 银行在开立银行承兑汇票时与第三方签订保证合同，能得到有效票据担保权利吗？

银行在开立银行承兑汇票时与第三方签订保证合同，能得到有效票据担保权利。

票据行为是以担保票据债务人履行票据债务为目的的。当票据债务人如出票人或承兑人不履行票据债务时，持票人有权向保证人请求付款，保证人应当足额付款；当持票人所享有的票据权利不能实现，如汇票不获承兑或不获付款时，持票人可向保证人行使追索求偿权。

主要有以下两种担保方式：方式一，直接在电子银行承兑汇票的担保人处记载，成为当事人的担保人；方式二，银行与第三方企业签订"承兑保证合同"，它是票据行为以外的保证，是在承兑银行汇票签发前，承兑申请人向银行申请承兑，并在开票申请人不能履行银行承兑协议按期足额交付票款义务时，由第三方担保承担连带保证责任的一种民事保证。

【点评】

银行可以考虑对大型制造的集团客户核定统一授信额度，分公司、子公司使用授权额度，总公司提供连带责任担保。子公司对外签发银行承兑汇票，由总公司统一在票面上担当保证人角色，通过电子票据系统完成，效率较高，同时操作较为规范。

41. 商业承兑汇票由第三方提供保证时，如何在票面上体现担保内容？

《中华人民共和国票据法》规定的保证，即票据保证，指的是票据债务人以外的第三人在票据上签章的一种附属票据行为，这种票据行为与背书、承兑一样，都以出票行为的有效成立为前提。

作为收款人，为了保证票据的到期收款安全，应当与出票人协商落实票据表面的保证增信事项。

在电子商业承兑汇票上，如果有出票保证人和承兑保证人可以选择，通常选择要求增加承兑保证人进行增信。

电子商业承兑汇票，如果子公司作为出票人，可以要求总公司作为商业承兑汇票的保证人。

【点评】
　　商业承兑汇票票面存在担保人，必须甄别担保人的实力，且担保人是否与商业承兑汇票的出票人存在母子公司等特定法律关系，存在商业合理逻辑。只有符合以上条件，银行贴入这种商业承兑汇票，才可以确保风险可控。

42. 银行承兑汇票具有无因性，那么是不是所有的票据一旦银行承兑就一定要付款呢？

承兑银行对已承兑的商业汇票应当承担到期无条件付款的责任。除下列情况的票据外，承兑行不得拒绝付款：

一是持票人以欺诈、偷盗或者胁迫等手段取得的票据。

二是持票人明知有欺诈、偷盗或者胁迫等情形，出于恶意取得的票据。

三是持票人明知债务人与出票人或者持票人的前手之间存在抗辩事由而取得的票据。

四是持票人取得背书不连续的票据。

承兑行编造理由无理拒付的，一经查实，要责令其立即付款，并对其按票据金额处以每天万分之七的罚款。

为进一步整肃结算纪律，对于发生三次以上无理拒付的承兑银行，除按规定处以罚款外，还要取消其汇票的承兑资格，停止对其办理再贴现，并予以通报批评和根据情节轻重追究直接责任人、主管负责人的行政责任。

通常，承兑银行是无条件兑付银行承兑汇票的，如果有法院或公安机关的冻结支付令，银行可以拒绝兑付到期的银行承兑汇票。

【点评】

　　通常，银行承兑汇票的风险很小。但是，不排除部分实力偏弱的财务公司承兑的银行承兑汇票出现到期兑付风险，以及一些实力偏弱的中小型银行承兑的银行承兑汇票，在出现流动性风险的情况下，到期不能全额兑付。

43. 什么是直接贴现？

　　直接贴现是指商业汇票的合法持票人，在商业汇票到期以前为获取票款，由持票人或第三人向金融机构贴付一定的利息后，以背书方式进行票据转让。对于持票人来说，贴现是以出让票据的形式，提前收回垫支的商业成本。对于贴现银行来说，是买进票据，成为票据的权利人，票据到期，银行可以取得票据所记载的金额。

　　直接贴现流程如图 27 所示。

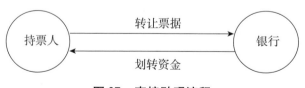

图 27　直接贴现流程

【点评】

　　通常办理银行承兑汇票直接贴现的风险较小，贴现资产具备较好的流动性，随时可以转出银行资产负债表，从获取贴现利息收入转化为获取利差收入。

44. 什么是转贴现？

　　转贴现是指金融机构为了取得资金，将未到期的已贴现商业汇票再以卖断或回购的方式向另一家金融机构转让的票据行为，是金融机构间融通资金的一种方式。

　　票据转贴现可以确保直接贴现市场的发展，从而进一步促进签发票据市场的实现。转贴现银行一般由国内大型银行担任，如工商银行、农业银行、中国银行、建设银行等；直接贴现银行一般由中小型城市商业银行、农村商业银行担任。

　　转贴现流程如图 28 所示。

图 28　转贴现流程

【点评】

　　转贴现是同业业务，通常一些中小型银行在市场上承担直接贴现的角色，但是由于自身的资金实力偏弱，需要快速将票据资产转卖给大型银行，将资金快速回笼，以便操作下一次的直贴业务。而大型银行担任的是批发资金的角色，在市场上大量买入票据资产作为资产配置。

45. 什么是再贴现？

　　再贴现是指商业银行将自身持有的已贴现票据出售给中央银行的票据行为。再贴现业务是商业银行进行流动性管理的重要工具，当再贴现利率低于市场资金利率时，再贴现业务还可能成为商业银行获取利差收益的一种途径。

【点评】

　　再贴现是人民银行的一种金融工具，传达了人民银行对市场的态度。通常是人民银行对一些特定行业的票据提供再贴现服务，支持这些特定行业的快速发展，如对"三农"企业和科创企业的票据提供再贴现服务。

46. 可以办理贴现的金融机构有哪些？

票据市场上主要有以下几个市场主体可以办理贴现：

（1）商业银行。商业银行是票据市场上最活跃的主体，所占的交易量较大，采用的信用工具较多，对资金的供求与利率波动的影响也较大。

（2）非银行金融机构。非银行金融机构是指村镇银行、农村信用社、企业集团财务公司等。目前，大型企业集团财务公司对票据贴现较多，增长量较大。

（3）小额贷款公司。市场上很多小额贷款公司获得当地金融办批准的经营范围都包括票据贴现业务。小额贷款公司从事的商业承兑汇票贴现较多，风险较大。

【点评】

贴现业务由于风险较低，受到了各类金融机构的青睐，大量金融机构直接或间接进入票据贴现市场。

47. 什么是直贴利率？

直贴利率由贴现双方自主协商、随行就市定价决定。对于直贴利率，金融机构拥有完全的自主权。

制定贴现利率还需要综合考虑客户提供的票据到期期限、票面金额等因素。一般来讲，久期越短、利率越高；金额越大、利率越低。

直贴利率和其他利率的制定一样，主要依据以下几个方面：

（1）根据同档次的流动资金贷款利率。

（2）根据最近的银行间同业拆借市场利率。

（3）根据本地的票据市场运作的利率情况。

（4）根据客户的贡献度情况。

（5）票据转出的转贴现利率，加上需要承担的税费进行综合确定。

【点评】

目前，贴现利率高度市场化，通常银行承兑汇票的贴现利率低于贷款基准利率，商业承兑汇票的贴现利率等同于贷款利率，大型银行承兑的银行承兑汇票的贴现利率低于小型银行的，大型企业集团签发的商业承兑汇票贴现利率低于不知名企业签发的。在市场上，通常分为三档贴现利率，大型国有商业银行的承兑汇票贴现利率最低；大型股份制商业银行的承兑汇票贴现利率居中；小型银行的承兑汇票贴现利率最高。

48. 什么是转贴现利率?

转贴现利率的市场化程度最高。市场利率主要取决于市场资金和票据的供给程度,利率水平能够通过高效率、自由化的市场及时反映资金的供需状况。同时,票据市场利率与银行间市场利率、备付金利率存在明显的相关性。

转贴现是银行与银行之间的交易,或者是银行与财务公司之间的交易,必须是两家持有金融许可证的金融机构之间的票据转卖交易,双方都必须具有贴现资格。

直接贴现通常由支行或者这家银行的票据中心进行操作,卖断式转贴现通常由票据中心进行操作,回购式转贴现通常由金融同业部进行操作。

49. 什么是再贴现利率?

再贴现利率是人民银行调节金融市场利率的一种手段。人民银行根据市场利率变动的情况,通过调整再贴现率对市场利率产生"告示效应",从而影响商业银行和社会公众的心理预期。

通常再贴现利率极低,商业银行根据当地人民银行的再贴现政策指导,进行定向票据贴现,然后通过人民银行再贴现回笼资金,因此利差空间极为可观。

50. 什么是 Shibor？

Shibor 是以位于上海的全国银行间同业拆借中心为技术平台计算、发布并命名，是由信用等级较高的银行组成报价团自主报出的人民币同业拆出利率计算确定的算术平均利率，是单利、无担保、批发性的利率。目前，对社会公布的 Shibor 品种包括隔夜、1 周、2 周、1 个月、3 个月、6 个月、9 个月及 1 年。

【点评】

通常银行转贴现利率牢牢盯住 Shibor，随行就市操作。

51. 什么是票据承兑业务信用风险？

票据承兑业务信用风险是指承兑人的付款能力发生问题而使债权人遭受损失的风险。通常，银行承兑汇票的兑付与承兑行的实力高度相关，一般来说，银行承兑汇票的信用风险较小；商业承兑汇票的兑付与承兑企业高度相关，信用风险较大。

票据风险都是本金风险，承兑人要么兑付，要么不兑付，不存在部分兑付的情况。

信用风险属于本金风险，风险极大。在中小型银行出现流动性的问题时，往往对签发的银行承兑汇票打折兑付。

例如，××银行签发的银行承兑汇票进行八折兑付，××财务公司承兑的承兑汇票到期拒绝兑付。

【点评】

银行承兑汇票的兑付风险与承兑银行的实力高度相关，大型国有商业银行、大型股份制商业银行承兑银行承兑汇票的风险较小；商业承兑汇票的兑付风险与承兑企业的实力高度相关，大型企业集团，如石油、电信、电网承兑的商业承兑汇票风险较低，而中小型企业承兑的商业承兑汇票风险较大，应当回避。

52. 什么是票据贴现业务市场风险？

票据贴现业务市场风险是指由于市场价格波动而使贴现银行遭受损失的风险，主要是利率变化使票据业务的收益和预期的收益发生一定的偏差，从而遭受损失或丧失获取额外收益的机会和可能性。通常，银行承兑汇票直接贴现与转贴现之间的利差极窄，市场风险较大；商业承兑汇票直接贴现与转贴现之间的利差极大，市场风险较小。市场风险属于银行赚多赚少的问题，风险是可控的。

中小型银行自有资金不足，往往需要快进快出，当日买入直接贴现银行承兑汇票，当日或次日卖出。一旦转贴现市场利率出现急剧上升的情况，会造成较大的资金利率倒挂风险，使银行遭受严重亏损。

口诀

转贴技巧要牢记，

直贴务必要高买，

当日转卖要低出，

快进快出不贪心。

---

53. 什么是票据贴现业务错配风险？

票据贴现业务错配风险是指安排贴现资金的期限与票据期限之间的不匹配，通常都是资金期限短，而票据期限长，这被称为错配风险。通常，票据贴现业务错配风险较大，错配倍数越多，风险越大。

票据贴现业务的错配风险在小型银行才会出现，大型银行往往资金充裕，不会存在错配风险。

【点评】

最大的错配风险是流动性风险，如果资产与负债期限严重错配，会产生流动性风险。

54. 票据质押和贴现融资是低风险业务吗？

银行承兑汇票质押和贴现融资都是低风险业务。

在承兑人准入上针对银行承兑汇票，仅准入大型国有商业银行和股份制商业银行，以及部分优质的中小地方城市银行；针对财务公司承兑汇票，仅准入大型中央企业、国有企业财务公司，对这些票据提供贴现和质押服务。

优质大型集团企业的商业承兑汇票质押和贴现融资都是低风险业务，将其作为信贷业务看待并按管理流程办理，则其显现出低风险业务的特征，尤其是体现在承兑票据作为还款来源方面，可认为是低风险的信贷业务。

对于一些民营企业在中小型农村商业银行等金融机构开出的大额有关联公司背景的银行承兑汇票，无论是质押还是贴现，风险都较高，需谨慎。

【点评】

银行承兑汇票业务的信贷风险较低，但是操作风险较大。

大型企业的商业承兑汇票信贷风险较低，操作风险同样较大。

55. 什么是票据业务贸易背景风险？

票据业务贸易背景风险主要是指违反票据相关法律法规的要求，对没有真实贸易背景的商业汇票办理承兑业务。银行对票据的基础关系予以必要的审查，只有符合真实贸易背景、债权债务关系明确的票据才能办理承兑业务。

银行的防范要点主要有以下两个方面：一是银行要严格审查承兑申请人的资格；二是对承兑申请人提交的商品交易合同、增值税发票等跟单资料进行细致严谨的审查，确保票据承兑的贸易真实性背景。

银行虽然仅是表面审查，但是必须做到表面逻辑合理，对于中小型企业收到的超大金额的银行承兑汇票申请贴现，务必要非常谨慎。

在市场上，部分中小型银行为一些高风险的企业签发大额银行承兑汇票，虽然交易的合同、发票齐全，但是多由关联企业拼凑而成，贸易背景经不起推敲，被称为网红票据。

银行在办理承兑业务时，要非常谨慎，不应因为企业缴存了较高比例的保证金，而放松信贷准入标准，放宽办理银行承兑汇票的贸易背景审查。

一家企业通过关联企业签发的千万元金额的银行承兑汇票，通常都是融资性银行承兑汇票，风险巨大。

出票环节及贴现环节贸易背景要求如图 29 所示。

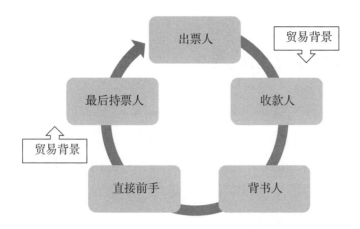

图29 出票环节及贴现环节贸易背景要求

口诀

核验票据要记牢，

贸易背景必须真，

票面金额合逻辑，

现金流水来验证。

【点评】

贸易背景不真实，法律风险巨大。银行办理贴现的银行承兑汇票到期兑付的风险较小，监管部门对贴现银行进行处罚的理由经常是贴现没有贸易背景的银行承兑汇票。

56. 什么是票据信用风险？

票据信用风险包含以下几个方面：

（1）银行承兑汇票出票人的信用风险，主要是指银行对票据承兑后，因出票申请人的支付能力不足，或者因不愿履行已签订的合约，造成银行承兑汇票的承兑银行到期被迫垫款的风险。

（2）银行承兑汇票承兑银行的信用风险，主要是指银行承兑汇票的承兑银行自身经营失败，银行到期无力承兑到期银行承兑汇票的风险。

（3）商业承兑汇票承兑人的信用风险，主要是指贴现金融机构的损失风险。

根据《支付结算办法》的规定，商业承兑汇票的出票人于汇票到期日未能足额交存票款时，银行无任何责任。因此，注重承兑申请人的信用状况，是防范风险的重要手段。

企业贷款开始展期，原本在大型银行融资，且融资成本极低，却突然在中小型金融机构融资，甚至保理融资、租赁公司融资，这些金融机构的融资成本较高。企业原本签发的都是小面额的银行承兑汇票，却突然开始签发大面额的银行承兑汇票，这些都是高信用风险的预兆。

57. 什么是票据欺诈风险？

票据欺诈风险是指通过编造票据，以及与企业财务人员勾结等方式伪造票据，套取银行资金，造成银行资产损失的风险。票据业务欺诈风险频发，票据最大的风险是人祸。

银行的防范要点是对大额的银行承兑汇票，必须查询企业签发票据对应的基础合同，并查询企业电脑中是否有该笔对应的应付账款。通常票据欺诈风险出现在商业承兑汇票方面，由于签发商业承兑汇票比较容易，比如企业有的财务人员通过关联公司恶意签发大面额的融资性商业承兑汇票，经过直贴银行、转贴银行办理贴现后可以获得大额资金。

【案例】

××银行违法违规监管案例

××银监分局开具的行政处罚信息公开表显示，××银行×支行主要违法违规事由为"贷后资金监控不力，贷款资金被挪用作为商票保贴业务质押存单"。该行为违反了《中华人民共和国银行业监督管理法》第四十六条第（五）项的规定。

中国证监会网站预披露的《××银行首次公开发行股票（A股）招股说明书（申报稿）》显示，该行拟在深圳证券交易所发行不超过 10 亿股 A 股，所募资金将全部用于补充该行的核心一级资本。同时，披露的还有该行的两项重大诉讼，包括××银行因承兑汇票转贴现引发的金额达 4.5 亿元的 3 起诉讼案。

58. 办理承兑业务应遵守哪些规定?

办理承兑业务应遵守以下几个规定：

（1）对申请办理承兑业务客户的要求：一是在承兑银行开立存

款账户的法人及其他经济组织；二是与承兑银行具有真实的委托付款关系；三是资信状况良好，具有支付汇票金额的可靠资金来源。

（2）关于真实贸易背景的要求：根据《中国人民银行关于完善票据业务制度有关问题的通知》（银发〔2005〕235 号）的规定，商业汇票是交易性票据，必须具有真实的贸易背景，企业签发、承兑商业汇票和商业银行承兑、贴现企业商业汇票，都必须依法、合理、合规，严禁签发、承兑、贴现不具有贸易背景的商业汇票。商业银行应进一步完善承兑授权制度和承兑授信业务管理，出票环节要严格把关，切实加强承兑业务审查。办理承兑业务时，必须审查承兑申请人与票据收款人是否具有真实的贸易关系，对不具有贸易背景的商业汇票或不确认具有贸易背景的商业汇票，不得办理承兑。

【点评】

　　银行为企业办理银行承兑汇票时，应当严格审查交易合同，比如对一些大型集团企业，必须仔细查看其 ERP 采购系统，票据必须与企业 ERP 采购系统中的采购对象清单保持一致，防止产生诈骗风险。

59. 申请银行承兑汇票业务时，要求承兑申请人提供哪些资料？

申请办理银行承兑汇票时，承兑申请人应向开户行提交以下资料：

（1）盖章的银行承兑汇票申请书。

（2）营业执照或法人执照复印件、法定代表人身份证明。

（3）上年度和当期的资产负债表、损益表和现金流量表（全额保证金除外）。

（4）银行承兑汇票对应的商品交易合同原件及复印件。

（5）增值税发票原件及复印件（可以后补）。

（6）按规定需要提供担保的，提交保证人的有关资料（包括营业执照或法人执照复印件，以及当期资产负债表、损益表和现金流量表）或抵（质）押物的有关资料（全额保证金除外）。

（7）银行要求提供的其他资料。

在信贷业务中，银行承兑汇票仅是一种信贷业务的出账方式，在给客户核定了授信额度后，无论是对其发放贷款还是签发银行承兑汇票，风险都一样。

对一些中小型银行，应尽可能地引导客户签发银行承兑汇票，通过这种方式锁定企业的信贷资金用途，同时可以获得一定的低成本存款。

【点评】

　　银行承兑汇票业务属于一项信贷业务，必须按照信贷业务的作业标准严格规范操作，才可以防范风险。

60. 银行受理银行承兑汇票业务时审查、审批和承兑的基本流程有哪些?

商业银行受理承兑业务时有关审查、审批和承兑的基本流程如下:

承兑时,信贷部门负责受理客户申请,并对承兑申请人的有关情况进行审查。审查内容包括:

(1) 承兑申请人的合法资格。

(2) 该笔业务是否具有真实的贸易背景。

(3) 该笔业务是否控制在授信额度内。

(4) 承兑申请人的经营情况、财务状况及现金流量。

(5) 承兑申请人的信誉状况,近两年是否有不良记录。

(6) 对按规定需要提供担保的,审查承兑申请人能够提供足值、有效的担保。

(7) 其他需要审查的事项。

银行承兑汇票业务属于银行的表外业务,银行实质上承担着企业的信用风险,务必非常谨慎,须同贷款业务一样,进行严格审查。相较于贷款而言,因为银行承兑汇票的到期日极为刚性,更缺乏弹性,所以对银行承兑汇票的审查标准应当比贷款更严一些,贷款可以展期,但银行承兑汇票无法展期,且对企业的短期资金流动性要求极高。

61. 银行承兑汇票逾期，垫款怎么处理？

承兑银行发生银行承兑汇票逾期，在垫款后，应采取以下措施：

（1）垫付款项转入银行承兑汇票垫付款项，向承兑申请人进行催收。

（2）将银行承兑汇票垫款纳入不良贷款考核范围，制订清收计划，落实清收责任。

（3）及时处理抵押物、质押物，或者要求保证人履行担保义务，尽量减少垫款损失。

经催收和追偿仍无法收回垫款的，应根据具体情况，及时采取包括诉讼在内的多种手段进行转化处理。

借款人的银行承兑汇票一旦逾期，应当立即起诉，千万不要采取开新票兑旧票的方式进行掩饰，自我化解不良，这种方式往往拉长了银行的债务期限，错过了最佳挽救不良的机会。

【点评】

银行承兑汇票一旦不能兑付，应当立即启动贷后管理追偿工作，越早追偿，效果越好。

62. 什么是票据贴现政策风险？

票据贴现政策风险是指贴现银行为没有真实贸易背景的商业汇票办理贴现的风险，其性质与票据承兑时没有真实的贸易背景相同。

票据贴现政策风险防范要点如下：

（1）对贴现申请人提交的商品交易合同、增值税发票复印件等票据的跟单资料进行严格审查，确保贴现建立在真实的商品贸易背景下。必要时，可审查商品交易合同和增值税发票原件。

（2）贴现申请人提交办理贴现的票据与其日常经营规模进行合理性匹配，拒绝明显超其规模的票据贴现。企业最难造假的就是现金流水账，查阅企业的经营性现金流水来识别企业经营的真实性。

（3）监控贴现资金的使用情况，严禁贴现资金回流给原始出票人。

【点评】

银行承兑汇票的贴现存在较大的政策风险，每年都有此类业务受到处罚。在业务办理时，贴现银行对政策风险必须严格控制。

63. 为什么票据贴现、转贴现必须对交易对手方资格准入，还必须对票据承兑行进行授信额度核定？

对票据贴现业务而言，承兑人是票据到期后的第一付款人，所以必须核定承兑人的授信额度。

持票人向银行申请贴现，本身就属于信贷业务。做信贷业务，必须对交易对手方进行准入，必须秉持审慎原则。

贴现银行承兑汇票需要占用承兑银行的同业额度，通常大型国有商业银行的同业额度极为充裕，股份制商业银行的同业额度相对充裕，大型中央企业财务公司的同业额度够用，中小型银行的同业额度却极为紧张。而有些中小银行的银行承兑汇票的出票量大，市场能够贴现的机构却寥寥无几。

【点评】

银行承兑汇票贴现不需要核准交易对手方；转贴现必须对交易对手方进行资格准入，对手方必须是管理规范、中国银保监会批准的持牌机构才可以操作转贴现；直接贴现业务必须落实持票人属于合法合规经营的企业，持票金额与其经营规模、经营状况匹配。

64. 如果某家有授信额度的大型企业客户持未有授信额度的小型银行的银行承兑汇票到银行办理贴现，是否应该受理？

银行可以办理贴现。虽然承兑人是第一付款人，但银行享有追索权，银行贴现该票据不存在无法收回票款的风险。

为了控制风险，银行应与大型企业签订"票据贴现回购协议"，一旦票据到期不能按期兑付，则应由大型企业进行回购。这类特殊贴现原则上仅限于小面额的银行承兑汇票。

【点评】

银行对于一些实力较强的大型集团客户持有的一些中小型金融机构承兑的银行承兑汇票办理贴现，应当向其明示风险。这类贴现对大型集团客户有追索权，在其明确知晓风险的情况下才可以办理贴现，避免将来产生纠纷。通常大型集团客户的法务人员实力非常强，有着强大的应对能力，如果不进行信息公开提示，很有可能被其利用银行的操作不规范，对银行进行司法起诉。

65. 票据贴现贸易背景资料是指什么？审查目的是什么？

票据贴现贸易背景资料是指在商业汇票贴现的业务中，银行必须验审商品交易合同、增值税发票、营业执照等与票据真实贸易背景相对应的文件。

在商业汇票的交易过程中，审查商业汇票对应的贸易背景资料，目的是确保银行贴现的合法合规性。

办理银行承兑贴现，严格审查贸易背景，其实不仅是简简单单地要防范政策风险，更重要的是还要防范信用风险。融资性银行承兑汇票未来兑付的不确定性远远大于真实贸易背景的银行承兑汇票。

口诀

汇票贴现要谨慎，

贸易背景必审查，

合同发票看交易，

核对过往流水账。

【点评】

贴现银行承兑汇票必须有真实的贸易背景，坚决回避融资性票据。无论是银行承兑汇票还是商业承兑汇票，这都是保护贴现银行最起码的前提。

66. 交易合同审查的要点是什么？

交易合同审查的要点如下：

（1）交易合同的供需双方应是商业汇票的最后背书人与其直接前手。

（2）合同必须具备合同标的，即商品名称，且商品名称应与税务发票上的商品名称一致。

（3）合同签订日期一般应早于或等于商业汇票的出票日。

（4）合同无重复使用现象，如重复使用，该合同记载的金额应大于或等于累计办理的商业汇票金额。

（5）如合同中载明了履约的有效期限，则票据的出票日、税务发票的开票日一般应在其有效期限内。

（6）如合同中记载着数量、单价等要素，则其相关记载一般应与税务发票一致。

对交易合同的审查要相对严格，大型企业的采购合同条款复杂，页数较多，内容有严密的法律逻辑。而融资性银行承兑汇票基本对应合同均为拼凑性质，合同页数较少，内容简单粗糙，票面收款人为关联公司。

67. 增值税发票审查要点有哪些？

增值税发票审查有以下几个要点：

（1）单位名称（必须是公司营业执照上的全称）、纳税人识别号（必须是公司税务登记证的编号）、注册地址（必须是公司营业执照上的注册地址）、注册电话（能与公司保持联系的有效电话）、开户银行（必须是公司银行开户许可证或者税务局备案的开户银行）、开户账号（必须是公司开户许可证或者税务局备案的银行账号）。

（2）发票清晰。

（3）原则上发票必须加盖销货方的增值税发票专用章或财务专用章，加盖单位公章或其他印章的增值税发票无效；发票专用章上的号码应与供货方的纳税人识别号一致。

（4）发票的购销方与交易合同供需方及商业汇票的最后背书人关系一致，购销双方的单位名称必须使用全称。

（5）发票载明的货物名称与所附合同交易的货物名称须一致。

（6）发票的总金额必须大于或等于商业汇票金额。

（7）发票金额大小写前封顶符为增值税发票专用封顶符。

（8）开具发票的日期原则上应在票据对应前后一个月内。

（9）发票购销双方地址；购销双方增值税纳税人税务登记号；销售货物或劳务的名称及货物总金额；增值税税率及税额、发票开具日期等项目要齐全，不得有遗漏；字迹要清晰、不得涂改；印章要齐全规范。

（10）如无增值税发票，则需提供国家税务机关出具的免增值税发票的相关文件或有相关法规规定。

68. 如何防止持票人重复使用发票？

对审查合格的税务发票复印后，银行应在复印件的正面加盖"已与原件核对无误"审核专用章后，再加盖"已经贴现使用"专用章。

部分中小型银行因自有资金不足，不能投放贷款，所以采取为中小型企业签发银行承兑汇票的方式完成投放。但中小型企业的贸易量不足，发票金额不够，会重复使用发票签发银行承兑汇票，从而间接获得资金，这种融资方式的风险巨大。

【点评】

在银行承兑汇票的贴现业务中，经常出现持票人重复使用发票在各家银行办理贴现。银行对这类贴现业务应当谨慎，严格规范操作，防止发生重复使用发票的风险。

69. 在办理票据贴现时，银行如何审核增值税发票与交易合同的时间关系？

在一般的交易中，供销双方先订立交易合同，然后购货人用商业汇票进行支付，供货方收到商业汇票后开具增值税发票。

但在现实交易中，经常出现增值税发票开票日期早于商业汇票支付日期及交易合同日期的情况，主要有以下几个原因：

（1）通常是作为中小型配套供应商的卖方先给下游的特大型核心企业发货并开具增值税发票，这样会形成增值税发票开票日期早于商业汇票支付日期的情况。

（2）有些企业之间长期有业务往来，建立了良好的信誉关系，通常会先供货并开具增值税发票，供货到一定阶段后，收货方再定期以承兑汇票的方式支付货款，这样也会形成增值税发票日期早于商业汇票的情况。

银行在办理贴现业务时，应当遵循实质重于形式的原则，核定票据对应贸易背景的真实性。

口诀

发票审核要认真，

关联发票要谨防，

现在过去多比对，

符合逻辑才正常。

【点评】

在卖方实力强、买方实力弱的情况下，通常是增值税发票的开票日期先于票据的日期。

70. 水、电、燃气等公用事业单位，没有增值税发票，这类单位收到的票据能否办理贴现？

水、电、燃气等公用事业单位持有的商业汇票，如因特殊原因不能提供商品交易合同，如果其能够出具证明贸易背景的收据等材料，可以办理贴现业务。

通常国家事业单位管理规范，办理贴现的政策性风险极小。银行办理票据贴现应当更注重实质，监管部门也更希望银行注重实质风险的问题。

【点评】

银行承兑汇票和商业承兑汇票本身属于支付工具，可以用于缴纳税款、水费、电费、城市管理费等。

71. 哪些手段可以辅助判定票据的真实贸易背景？

可以辅助判定票据真实贸易背景的手段有以下几种：

（1）企业上年度经审计的损益表，如通过机构信用代码在银行信贷登记咨询系统中能查询到该企业上年度的财务报表，则视同该报表已符合规定，即贴现申请人只需提供即期的相关报表。

应注意商业汇票的真实贸易背景是否能在相关财务报表中得以反映，审查人员应对相关报表进行逻辑性判断，确认贴现票据的金额与企业损益表中的"产品销售收入"等项目相匹配。如果金额相差较大，应当要求企业提供合理说明。

（2）如审查过程中有疑问，调查或审查人员可要求客户提供商品货运单复印件、进项发票和进货合同。

（3）企业 ERP 采购系统与签发的银行承兑汇票或商业承兑汇票进行对照，核对一致性。

银行务必回避融资性票据，融资性票据基本都是通过关联公司签发，通过市场中介机构等进行包装后贴现，贴现资金回流原出票人。

【点评】

　　银行在操作票据贴现时，必须对贸易背景的真实性进行审核，务必仅操作具真实贸易背景的银行承兑汇票和商业承兑汇票。操作具真实贸易背景的银行承兑汇票和商业承兑汇票顶多会有流动性风险，很少出现终极兑付风险。

72. 回头背书票据是否可以贴现？

经收款人回头背书给出票人，并由出票人申请贴现的商业汇票，具有融资性嫌疑，不得买入；对贴现申请人位于商业汇票第三背书人（含）之后且其名称与出票人名称一致的票据，应查清其回头背书原因，并辨识其是否合理，在确保真实贸易背景的前提下方可贴现。

回头背书票据（A—B—A）

A背书给B，B再次回头背书给A，A再次找银行来申请贴现。回头背书票据不宜办理贴现，可以采取质押贷款方式融资；回头背书票据到期兑付，承兑行一般不会以背书存在回头背书为理由拒付。

【点评】

如果一家银行直贴买入了回头背书的票据，会存在不能转出办理转贴现的风险。如果这类票据的承兑银行和承兑企业是管理规范的大型机构，会及时兑付这类票据，信用风险不大。

73. 集团结算中心作为最后持票人的票据来申请贴现，可否？

大型企业集团内设的集团结算中心作为贴现申请人申请贴现时，可要求其提供证明其前手与再前手之间具有真实贸易背景的商品交易合同和相关税务发票，加盖公章的书面情况说明，做完整背书后可以买入。

集团客户通常建立票据池，集中管控整个集团的票据资源，通过票据的整体贴现获得批发优势，降低贴现成本。银行应当将集团结算中心进行重点开发，营销银行的票据池产品。

集团结算中心结构如图 30 所示。

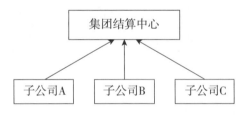

图 30　集团结算中心结构

【点评】

　　集团结算中心属于一家集团内的特定资金集中管理机构。集团结算中心统一持有所有成员单位的票据后向银行申请贴现，可以提供其前手与再签收的合同发票，通常不会被认为是融资性票据。

74. 银行承兑汇票票源的对象一般有哪些？

银行承兑汇票必须第一手抓票源，所以，知道哪些客户有大量的银行承兑汇票资源就非常重要。最重要的票源通常是一些大型行业客户，如钢铁公司、钢贸企业、煤炭贸易商、石油贸易商、铝加工企业、家电厂商、汽车厂商、焦炭企业等客户。

票据的营销往往有一定的技术含量，通常大型钢铁公司能将财务成本转嫁给上游客户，所以大型钢铁公司收到银行承兑汇票后，采取直接背书或者换票的方式，将票据背书给上游客户，上游客户属于中小企业，自身资金实力偏弱，流动性较差，这类客户在产业中属于弱势地位，无法转嫁财务成本，往往被动地持票进行贴现获得资金。

75. 对关联企业之间签发的票据如何处理？

关联企业一般具有以下特征：

（1）同一个集团内，在股权上或经营决策上直接或间接控制其他企事业法人，或被其他企事业法人控制。

（2）共同被第三方企事业法人所控制。

（3）主要投资个人、关键管理人员和与其关系密切的家庭成员（包括三代以内直系亲属和二代以内旁系亲属关系）共同直接控制或间接控制的企业。

（4）存在其他关联关系，能不按公允价格或真实贸易原则转移资产和利润。

商业银行对关联企业签发的商业汇票，须对其贸易背景严格审核，重点关注，尽可能要求全套的发票和合同等资料。同时，必须落实承兑人的实力具备兑付商业汇票的能力。企业出现高风险信号典型标志是在银行获得贷款融资的能力变弱，通过缴存保证金的方式，勉强获得银行的银行承兑汇票额度，通过签发融资性银行承兑汇票缓解自身的资金压力。这类融资性银行承兑汇票通常是关联企业配合下签发而得。

【案例】

××电器股份有限公司案例

××电器股份有限公司存在开具无真实交易背景的银行承兑汇票的情形。2014 年，××银行××分行先后两次向××电器股份有限公司开具 1000 万元银行承兑汇票，出票人为××电器股份有限公司，收款人为××能建材。××能建材收到上述 2000 万元汇票后，向开户行和付款行××支行申请贴现，并将扣除贴现费用后取得的现金转给××电器股份有限公司使用。××电器股份有限公司实控人莫××、朱××从公司拆借 1000 万元作为银行承兑汇票开立的质押担保定期存款资金。汇票到期后，××银行××支行从××电器股份有限公司保证金账户划款，完成解付手续。

××电器股份有限公司在招股书中表示，上述不规范使用票据融资的情形不符合票据法的相关规定，但经由开户行及付款行知悉并认可，不存在故意欺诈的行为。如果公司因此受到有关部门处罚，实控人将承担全部处罚款，保证公司不会因此遭受损失。

76. 银行承兑汇票保证金是否可以由支行办理？

《中国银监会办公厅关于加强银行承兑汇票业务监管的通知》（银监办发〔2012〕286号）规定，银行业金融机构要加强银行承兑汇票业务保证金统一管理。保证金账户原则上应开立在总行或经授权的分行；对于在票据承兑申请人开户行开立保证金账户的，应通过系统控制、定期对账等措施防范保证金挪用风险。

【点评】

银行将银行承兑汇票保证金业务作为重要的存款来源进行重点拓展，由于保证金经常出现被挪用的状况，所以各家银行在办理银行承兑汇票时，应当要求将所有的承兑汇票保证金统一存放在总分行，进行统一管控。

77. 转贴现、买入返售、卖出回购是否可以由支行办理？

《中国银监会办公厅关于加强银行承兑汇票业务监管的通知》（银监办发〔2012〕286号）规定，银行业金融机构要加强银行承兑汇票业务统一授权管理。原则上支行或一线经营单位仅负责票据承兑和直贴业务，转贴现、买入返售、卖出回购等业务由总行或经授权的分行专门部门负责办理。

【点评】

　　转贴现、买入返售、卖出回购等业务属于同业业务，同业业务应当由总行或者总行的专营部门进行操作，不可以擅自由支行操作。支行仅能操作传统的信贷业务、存款业务。

78. 转贴现、买入返售、卖出回购资金汇划路径有何特殊规定？

　　《中国银监会办公厅关于加强银行承兑汇票业务监管的通知》（银监办发〔2012〕286号）规定，银行业金融机构要加强银行承兑汇票业务交易资金账户统一管理。票据转贴现、买入返售、卖出回购资金应由票据转入行将资金划入票据转出行在人民银行开立的存款准备金账户，或票据转出行在本行开立的一般存款账户，不得转入票据转出行在他行开立的账户，防止随意开户和资金体外循环。应明确专门部门负责交易资金账户的监测和管理。

【点评】

人民银行的想法是将票据转贴现、买入返售、卖出回购业务的资金汇划，统一在各家银行开在央行的存款准备金账户中进行划转。人民银行可以监控各家金融机构的转贴现操作，防止出现资金体外循环失去监控。

79. 票据托收逾期后常用的救助手段有哪些？

票据托收一旦形成逾期，常用的救济手段有以下几种：

（1）立即协商。协商是最佳的解决方式，银行必须非常坚决告诉对方，必须在规定时间内兑付票据，否则会采取法律手段，给对方以极大的压力。

（2）追索前手。在票据贴现、转贴现中如与承兑人（行）协商无果的情况下，依照《中华人民共和国票据法》和合同约定及时向前手追索损失，这是银行维权较好的手段之一，尤其在前手是大型银行的情况下，更应选这个方式。

（3）诉讼。在前述方法均无效的情况下，诉讼将是银行的最终选择。大多数的票据交易是否清晰，权利方胜诉的概率较高。诉讼的证据准备将是能否胜诉的关键。如果准备起诉，必须保证贴现银行是按照人民银行规定，对票据的真伪和贸易背景进行了严格的审查。

采取如下方式：银行承兑汇票一旦逾期，要立即向承兑银行的上级行反映，请求协助解决；向当地人民银行反映，请求协调解决。

商业承兑汇票一旦逾期，要毫不犹豫立即起诉承兑人。商业承兑汇票出现逾期，往往是承兑人资金链断裂前的先兆，要抓住抢收不良贷款黄金 48 小时，否则，一旦机会稍纵即逝，承兑人陷入债务集中爆发，债务问题将最终难以解决。

【点评】

票据一旦出现逾期，应当立即追索处理。通常最有效的手段是向监管部门进行投诉，如向中国银保监局投诉票据不能兑付的情况，通常效果较好。

尽量回避线下协商，在这种情况下，线下协商通常被拖延，效果不佳。

80. 什么是逾期赔偿金？逾期赔偿金赔付标准应如何确定？

逾期赔偿金是指承兑人没有合理的抗辩事由而在票据到期日拒绝或延迟付款给持票人造成损失依法所应承担的赔偿金，其性质为直接由法律所确定的带有惩罚性质的违约金。

商业汇票经承兑后，承兑人即成为票据的主债务人，即第一付款责任人，负有到期无条件付款的义务。

赔付利率的确定如下：

（1）按与票据最长期限同期（6个月）的中国人民银行公布的流动资金贷款基准利率计。《支付结算办法》第二百四十一条规定："银行办理支付结算，因工作差错发生延误，影响客户和他行资金使用的，按中国人民银行规定的同档次流动资金贷款利率计付赔偿金。"

（2）日利率万分之五。《违反银行结算制度处罚规定》第十五条规定："违反银行结算制度，延压、挪用、截留结算资金，影响客户和他行资金使用的，要立即纠正，并按延压的结算金额每天万分之五计付赔偿金。"

81. 票据赔付天数是怎么确定的？

赔付天数应为实际付款日减去应付款日期（商业汇票的到期日）。《中华人民共和国票据法》规定付款人应在汇票到期日足额支付汇票金额，因此，在票据到期日之后付款，应按日计付逾期赔偿金。在实际操作中，承兑人通常存在这样一些误区：

（1）《支付结算办法》第九十四条规定："贴现、转贴现和再贴现的期限从其贴现之日起至汇票到期日止。实付贴现金额按票面金额扣除贴现日至汇票到期日前1日的利息计算。承兑人在异地的，贴现、转贴现和再贴现的期限以及贴现利息的计算应另加3天的划款日期。"

我国流通的票据均为定日付款票据，按照《中华人民共和国票据法》第五十三条、第五十四条的规定，承兑行在到期日前收妥持票人的提示付款凭证的，应在到期日当日足额付款。因此，承兑人于到期日付款是无条件的、是不可推卸的责任。

（2）《支付结算办法》第八十八条规定："商业汇票的提示付款期限，自汇票到期日起10日。"有人认为在票据到期日后10日内付款不算逾期付款。这实际上混淆了持票人提示付款与承兑人到期付款的法律概念。

《支付结算办法》第八十八条的规定：其目的在于督促票据的持票人在票据到期后及时办理票据交付开户行托收，行使票据权利，结束该票据权利的不确定状态。同时，也是提高结算效率，否则，承兑行需要始终备足资金，等待持票人来提示付款，无疑也是资源浪费。

提示付款权是持票人的权利，与承兑人无关。承兑人到期付款责任与持票人的提示付款权是完全不同的法律概念。

如果我是持票人，我在票据到期的10天内提示付款都可以；但是，你是承兑人，你必须在收到票据3日内付款。

逾期追索金额的确定：追索金额为票据本金、到期日至实际付款日止的利息、罚息及催收费用。

82. 承兑行拒绝付款该如何处理？

《票据交易管理办法》中相关规定如下：

第五十六条规定："持票人在提示付款期内通过票据市场基础设施提示付款的，承兑人应当在提示付款当日进行应答或者委托其开户行进行应答。

承兑人存在合法抗辩事由拒绝付款的，应当在提示付款当日出具或者委托其开户行出具拒绝付款证明，并通过票据市场基础设施通知持票人。

承兑人或者承兑人开户行在提示付款当日未做出应答的，视为拒绝付款，票据市场基础设施提供拒绝付款证明并通知持票人。"

第五十七条规定："商业承兑汇票承兑人在提示付款当日同意付款的，承兑人开户行应当根据承兑人账户余额情况予以处理。

（1）承兑人账户余额足够支付票款的，承兑人开户行应当代承兑人做出同意付款应答，并于提示付款日向持票人付款。

（2）承兑人账户余额不足以支付票款的，则视同承兑人拒绝付款。承兑人开户行应当于提示付款日代承兑人做出拒付应答并说明理由，同时通过票据市场基础设施通知持票人。"

83. 逾期票据的诉讼该如何处理？

（1）诉讼准备。经电话催收、公函催收、上门催收，承兑行仍无付款诚意的，应收集与此票据交易有关的贴现文件、法律文件和已经建立的案卷，进入诉讼准备阶段。

（2）诉讼分析。一是诉讼的必要性分析，确定其他方法的失效；二是诉讼的可行性分析，即诉讼证据的齐全与否，确定诉讼地点、时间和人员；三是出具诉讼建议。

无论是银行承兑汇票、商业承兑汇票，一旦发生逾期，应当立即进行诉讼，而诉讼应当由银行的专业人员来办理，不可委托律师以后就放任。因为律师对票据专业性并不了解，往往会错失良机。

84. 对票据的真实贸易背景有何要求?

　　《中华人民共和国票据法》第二十一条规定:"汇票的出票人必须与付款人具有真实的委托付款关系,并且具有支付汇票金额的可靠资金来源。不得签发无对价的汇票用以骗取银行或者其他票据当事人的资金。"这一条款明确规定了汇票的真实性贸易背景要求。对于银行而言,在办理承兑业务时,必须对票据的基础关系予以必要的审查,只有符合真实交易、债权债务关系的票据方可予以承兑。

　　2001 年 7 月,中国人民银行下发的《关于切实加强商业汇票承兑贴现和再贴现业务管理的通知》(银发〔2001〕236 号)中明确规定:各金融机构必须严格按照规定条件办理贴现业务。所办理的每笔票据贴现,必须要求贴现申请人提交增值税发票、贸易合同复印件等足以证明该票据具有真实贸易背景的书面材料,必要时,贴现银行要查验贴现申请人的增值税发票原件。对不具有贸易背景的商业汇票,不得办理贴现。这一规定明确了真实贸易背景的具体审查要求,各商业银行对贴现申请人提交的商品交易合同、增值税发票复印件甚至对商品交易合同和增值税发票原件进行严格审查,确保贴现、转贴现建立在真实的商品贸易背景下。

　　最高人民法院《关于审理票据纠纷案件若干问题的规定》第七十五条规定:"依照票据法第一百零五条的规定,由于金融机构工作人员在票据业务中玩忽职守,对违反票据法规定的票据予以承兑、付款、贴现或者保证,给当事人造成损失的,由该金融机构与直接责任人员依法承担连带责任。"这一条款从司法解释上明确了金融机构在承兑、贴现商业汇票的真实性贸易背景审查时所应担负的责任。

无论未来监管政策如何走向，是否要求贸易背景审查，具体经办的支行客户经理都不应对贸易背景的审查放松标准，无论是在出票环节还是贴现环节。这不但是为了保护经办人的自身合规，更重要的是为了防范信贷风险。只有贸易背景真实才能确保我们信贷资金的安全。

85. 什么是票据付款请求权？

付款请求权是持票人向承兑人请求按照票据上记载的金额付款的权利，是第一次权利。付款请求权的作用是使持票人得以向承兑人请求支付票据金额，是票据权利的基本功能。《中华人民共和国票据法》第四条第四款规定："本法所称票据权利，是指持票人向票据债务人请求支付票据金额的权利，包括付款请求权和追索权。"

根据《最高人民法院关于审理票据纠纷案件若干问题的规定》第四条、第五条的规定，付款请求权是第一位的票据权利，持票人必须先行使付款请求权；追索权是第二位的票据权利，在付款请求权不能实现时，才享有票据追索权，该权利带有补充性。

【点评】

付款请求权直接指向承兑人，属于票据被拒付后，第一次行使票据权利。

86. 什么是票据付款追索权？

追索权是持票人在不获承兑或不获付款时，向其前手，包括出票人、背书人或保证人请求偿还票据金额、利息或其他法定费用的权利，是第二次权利。可以说，追索权是补救付款请求权不足时的票据权利。但是，追索权与付款请求权是两种独立的权利。追索权的行使并非以恢复和保障付款请求权为目的，而是独立发生功效。

【发生场景】

（1）在商业承兑汇票项下，持票企业在商业承兑汇票未获兑付（商业承兑汇票承兑人失联或其他原因拒付）时，向前手持票人追索。

（2）在银行承兑汇票项下，持票企业在银行承兑汇票未获兑付（银行承兑汇票承兑银行被托管或其他原因拒付，包括部分拒付）时，向前手持票人追索。

【案例】

××银行票据付款追索权案例

2019年5月24日，中国人民银行、中国银行保险监督管理委员会依法对××银行股份有限公司（以下简称××银行）实行接管，并委托建设银行托管经营。根据监管机构安排，××银行5月24日业务终了前承兑的汇票将由存款保险基金管理有限责任公司（以下简称存保公司）提供保障。具体内容如下：

（1）保障标准：对同一持票人持有合法承兑汇票合计金额在 5000 万元（含）以下的，按原合同及交易规则正常流转和到期付款，存保公司对承兑金额全额保障。对同一持票人持有合法承兑汇票合计金额 5000 万元以上的，由存保公司对承兑金额提供 80% 的保障；未获保障的剩余 20% 票据权利，××银行将协助持票人依法追索。

（2）上海票据交易所将对非全额保障的承兑汇票进行标记并正常流通，同时暂停提供到期和追索的自动扣款功能。

（3）同业之间追偿持票银行在进行转贴现交易过程中，银行承兑汇票未获兑付（银行承兑汇票承兑银行被托管或其他原因拒付，包括部分拒付），向前手银行追索。

87. 取得票据权利的基本条件是什么？如何取得票据权利？

《中华人民共和国票据法》在票据取得方面规定以下两个基本条件：

一是持票人取得票据时必须是善意的，有恶意或重大过失的，不得享有票据权利。比如规定：以欺诈、偷盗、胁迫等手段取得票据的，或者明知有前列情形，出于恶意取得票据的，不得享有票据权利；持票人因重大过失取得不符合本法规定的票据的，不得享有票据权利。

二是持票人取得票据时，必须给付对价。对价是指票据双方当事人认可的相对应的代价。无对价取得票据的，不得享有优于其前手的权利。

持票人取得票据有如下方式：

（1）买卖关系取得。卖方在商品交易活动中，因为已经履约完毕，买方签发银行承兑汇票或商业承兑汇票给卖方，卖方因此成为合法持票人。

（2）债权债务清偿取得。债权人向债务人追债，债务人将自己手中持有的票据背书转让给债权人。债权人因此成为合法持票人。

【点评】

银行在办理贴现业务时，必须甄别持票人为合法的持票人，否则，会陷入巨大的司法纠纷中。

88. 什么是票据善意取得？

票据善意取得是指票据受让人依照《中华人民共和国票据法》所规定的票据转让方式，支付了合理对价，善意地从前手取得票据，从而享有票据权利的一种法律制度。

在票据贴现业务中，贴现银行支付了贴现款，支付了合理对价，为合法的持票人。

【点评】

在买卖活动中，卖方发了货，从买家处合理取得票据，为合法的持票人。直接贴现业务，银行支付贴现价款，就属于合理地持有银行承兑汇票，就属于合法的持票人。

89. 什么是票据关系中的善意与恶意?

票据关系中的善意是指票据受让人依照《中华人民共和国票据法》所规定的票据转让方式，善意地从有处分权人之手取得票据，从而享有票据权利的一种法律制度。

善意取得的原则包括持票人须依照《中华人民共和国票据法》规定的票据转让方式取得票据；持票人取得票据必须是善意的，这主要是从持票人的心理状态进行考虑；持票人必须支付相应的对价。

90. 为什么法律会保护合法持票人?

法律规定，票据权利需善意取得的目的在于维护票据的流通性，加强取得人对票据外观的依赖，保证交易安全。因此，《中华人民共和国票据法》规定，凡以恶意或重大过失取得票据的，不能享有票据上的权利。

恶意取得票据是指持票人以欺诈、偷盗或者胁迫等手段取得票据，或者明知有前列情形，已知票据出让人无处分或交付票据的权利，或者明知债务人与出票人或者持票人的前手之间存在抗辩理由，仍然接受票据。

重大过失取得是指票据受让人在虽不是明知，但如稍加注意，就可获知票据出让人是没有处分权的情况下接受票据。在债务人出示相关证明以前，法院认定票据的取得均为善意取得。

但如果持票人从恶意持票人手中出于善意或无重大过失而取得票据，虽然其前手（恶意持票人）为恶意取得票据，该持票人仍然可以正常取得票据权利。

银行作为专业的资深金融机构，有着强大的法务能力，有着极强的专业性，所以法律对银行的要求会更高一些。银行应当识别合法持票人，对融资性银行承兑汇票、发票明显存在瑕疵的票据务必回避，极容易被认定为非合法持票人。而银行作为专业金融机构没有起到审慎之义务，容易被判罚承担责任。

91. 如果认为持票人为恶意持票人，如何举证？

由于票据属于无因证券，持票人对取得票据和债务人应付票据的原因无举证责任。因此，为了保护票据的流通安全和无因性质，票据的债务人（前手）对此有举证责任，即谁对抗票据责任，谁举证。

《中华人民共和国票据法》第十二条规定："以欺诈、偷盗或者胁迫等手段取得票据的，或者明知有前列情形，出于恶意取得票据的，不得享有票据权利。持票人因重大过失取得不符合本法规定的票据的，也不得享有票据权利。"

【点评】

恶意持票人不享有票据权利，这类客户持银行承兑汇票向银行申请办理贴现，一旦哪家银行办理了贴现业务，会被司法追偿。

92. 票据权利丧失后如何保全？

票据权利丧失指的是票据关系中的票据权利（包括付款请求权或追索权）的丧失，但并没有丧失票据法中非票据关系的票据权利以及合同法所支持的民事权利，而票据权利消灭是指所有票据权利和民事权利都已经结束。

票据权利丧失的保全是指行使《中华人民共和国票据法》中非票据关系的票据权利，即持票人向出票人或承兑人请求偿还额外利益的权利。例如，《中华人民共和国票据法》规定，票据权利的行使，需要严格的程序，对行使权利的时间也有严格限制，如没有及时行使和保全票据权利，持票人就有可能因程序的短缺或时效超过而丧失其权利。在类似情况下，票据债务人因免除履行债务而获得额外的资金利益，同时损害了票据债权人的利益。为了增加票据债权人的补救措施，《中华人民共和国票据法》规定了利益偿还请求权制度。该权利是一种独立的请求权，这种权利仍基于《中华人民共和国票据法》的规定而产生，但它不是以直接请求给付票据金额为目的，而主要是为了弥补持票人在票据权利丧失后的利益。也正是这个原因，它不能依赖于背书转让，而只能按民法上记名证券的转让方法转让。

93. 利益偿还请求权的享有和行使应具备哪些条件？

在享有利益偿还请求权时应当具备下列条件：票据权利必须是曾经有效存在的；票据权利是因时效超过或保全手续欠缺而已经丧失；因持票人权利丧失而使出票人或承兑人得到了额外的利益，即出票人或承兑人由于出票行为或承兑行为，已经获得了实际利益，但却无须承担相应的票据义务；请求权人必须是持票人，被请求人必须是出票人或承兑人。

在行使利益偿还请求权时应当具备下列条件：

第一，请求者必须证明权利发生要件的所有事实才能主张权利，如票据的提示、出票人或承兑人取得的利益、票据权利的消灭等，应由持票人负举证责任。

第二，请求者应持有票据并将行使利益偿还请求权的打算在适当期间内通知利益偿还义务人，债务履行时间应以通知日为准计算，如未通知即直接请求偿还利益，该权利仍得以行使，但因此而造成的损害应由持票人赔偿。

【案例】

××包装有限公司票据利益返还请求权纠纷一审民事判决书

××包装有限公司持有票号为 30500053－22855069、出票金额为 100000 元、出票人为××建设集团有限公司、收款人为××建材有限公司、付款行为××银行××支行、出票日为 2014 年 1 月 17 日、到期日为 2014 年 7 月 17 日的银行承兑汇票一张。该票据的被背书人依次为：××建设集团有限公司、××商贸有限公司、××制药股份有限公司、××医药集团有限公司、××包装有限公司，以上背书依次、连续，最后一手被背书人为××包装有限公司。

2018 年 11 月 16 日，××包装有限公司委托其开户行就涉案票据向××银行提示付款，××银行于 2018 年 11 月 22 日出具了"拒绝付款理由书"，拒付理由为"票据超过票据权利有效期"。

《中华人民共和国票据法》第十八条规定："持票人因超过票据权利时效或者因票据记载事项欠缺而丧失票据权利的，仍享有民事权利，可以请求出票人或者承兑人返还其与未支付的票据金额相当的利益。"据此，××包装有限公司因超过票据权利时效而丧失票据权利，但仍享有要求承兑人返还与未支付的票据金额相当的利益的民事权利，故××包装有限公司要求付款行××银行返还涉案票据金额的诉讼请求于法有据，本院予以支持。

被告××银行××支行于本判决生效后十日内返还原告××包装有限公司票据利益 100000 元。

94. 在利益偿还请求权行使时，应注意哪些事项？

偿还的利益最高不超过出票人或承兑人所实际获得的以货币计量的利益。在偿还利益时，不限于票面金额，可能会涉及一些发生的律师、差旅费等。

利益偿还请求权通常在持票人疏忽办理票据托收导致逾期的时候行使，或者票据曾经被法院冻结导致过期。

票据对应的利益偿还请求权在行使时，通常法院会支持票据对应的本金。而对于逾期所产生的其他的律师费用、差旅费等，法院通常不会支持，因为本身也存在一定的过错。

95. 什么是票据付款请求权权利灭失——付款？

付款是票据权利灭失最经常的方式。作为付款人的票据债务人在票据到期时候，足额地向票据权利人支付，票据权利人同时将票据交还付款人，票据权利得到实现，全体票据债务人的票据义务解除，票据关系随之消灭。

96. 什么是票据追索权权利灭失——清偿？

清偿是指持票人在不获承兑、付款时，可以向其前手行使追索权，请求支付票面金额、利息以及为追索支付的费用。被追索人清偿全部债务后取得票据，追索人的票据权利得以实现。

如果偿还人为其他人，其在偿还金额取得票据后仍可以继续追索，行使再追索权，此时票据权利未完全消灭，仅是追索人的票据权利得以消灭，偿还人成为新的持票人和追索人。

97. 什么是票据权利灭失——时效届满？

票据权利是民事权利，是有时效的限制。所谓时效，是指法律规定时间在权利产生、消灭方面的效力。一定时间经过可取得票据权利的时效，为取得时效；一定时间经过会消灭权利的时效，为消灭时效；一定时间经过不影响实体权利的消灭，但会导致胜诉机会丧失的时效，为诉讼时效。

《中华人民共和国票据法》第十七条规定的时效则是典型的消灭时效，持票人在法定时效期间不行使票据权利的，其付款请求权、追索权即丧失。

98. 票据权利时效是如何规定的？

《中华人民共和国票据法》第十七条关于票据权利时效有下列两种情况：

（1）各种票据的持票人对出票人以外其他前手的追索权，为6个月，从被拒绝承兑或被拒绝付款之日起计算。

（2）被追索人对其前手的再追索权为 3 个月，从清偿之日或被诉之日起计算。

99. 票据追索权行使必须提供哪些证据？

持票人为行使追索权必须提供未获付款的证据，即取得承兑人拒绝付款的证明。如果是贴现银行，提供本行已经贴现放款的划款凭证。

法律之所以对持票人作这样的约束要求，主要是因为被追索人对票据的流转状态无从得知，无法判断对持票人是否按期提示票据。如果不要求持票人举证，被追索人将承担较大风险并由此蒙受损失。

100. 什么是票据的追索权？

《电子商业汇票业务管理办法》第六十五条规定：追索分为拒付追索和非拒付追索。拒付追索是指电子商业汇票到期后被拒绝付款，持票人请求前手付款的行为。非拒付追索是指存在下列情形之一，持票人请求前手付款的行为：

（1）承兑人被依法宣告破产的。

（2）承兑人因违法被责令终止业务活动的。

无论是拒付追索还是非拒付追索，追索一旦发现风险情形，银行应当立即对承兑人开展法律行动，要求兑付票据，尤其是商业承兑汇票，经常会出现出票人在票据存续期间，被依法宣告破产或责令停止营业活动。银行必须定期收集承兑人的相关工商、司法信息，做好风险防范工作。

票据的追索权示意如图31所示。

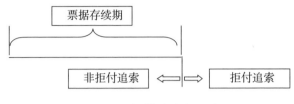

图31 票据的追索权示意

101. 行使票据追索权的实质要件包括什么？

行使票据追索权的条件是行使追索权所必须具备的实质要件，主要包括以下两个方面：

一是汇票持票人必须为合法的持票人，即持票人在行使权利时必须要以汇票符合《中华人民共和国票据法》的规定及背书连续等要件来证明自己享有票据权利。

二是须有法律规定的、可引起持票人追索权发生的客观原因存在，如票据到期被拒付或证明票据当事人已经被工商撤销等。

【点评】

追索时，追索人应当提供拒付证明。

拒付追索时，拒付证明为票据信息和拒付理由。

非拒付追索时，拒付证明为票据信息和相关法律文件。

102. 到期追索的原因是什么？

第一，票据到期未获得付款。这是票据到期后，持票人向付款人提示付款而未取得票据金额，从而对出票人、背书人及票据上的债务人行使追索权。票据到期被拒绝付款是行使追索权的一条基本原则，法律另有规定可以在到期日前行使追索权的除外。

第二，客观上无法实现支付。这主要是指进行提示付款时，票据上所载的付款场所不存在、付款人不存在或下落不明。

第三，承兑人或者付款人死亡、逃匿。这种情况的出现，使得持票人无从作出承兑或付款的提示，因而可以作期前追索。

第四，承兑人或者付款人被依法宣告破产。承兑人或者付款人因为资不抵债等法定原因，被宣告破产，已难以进行正常的业务活动，票据也就难以正常的获得承兑或付款。

第五，承兑人或者付款人因违法被责令停止业务活动。这是指承兑人或付款人由于违纪行为受到了行政处罚，被勒令停止营业、责令关闭、吊销经营许可证或者营业执照等，同第四点一样，难以对票据进行承兑或者付款。因违法被责令终止业务活动的，其受处罚对象是法人、个人和其他经济组织，只要被指定为承兑人或者付款人的，就可使用这项规定。

103. 如何行使票据追索权？

《电子商业汇票业务管理办法》第六十九条规定：持票人发出追索通知，必须记载下列事项：

(1) 追索人名称。

(2) 被追索人名称。

(3) 追索通知日期。

(4) 追索类型。

(5) 追索金额。

(6) 追索人签章。

104. 什么是票据拒绝证明？

拒绝证明，即票据经过提示之后，如未获承兑或者付款的，都应当以一定形式做成拒绝证明，以证实虽然经过提示但是未获得结果。

(1) 由承兑人或者付款人出具拒绝证明，或者出具退票理由书。未出具拒绝证明或者退票理由书，则应当承担由此产生的民事责任。

(2) 承兑人或者付款人被人民法院依法宣告破产的，人民法院的有关司法文书具有拒绝证明的效力。

【点评】

一旦票据被拒付后，应当立即向当事人要求提供票据拒付证明，以便行使票据的追索权、付款请求权等权利。通常银行承兑票的拒绝证明，由承兑银行直接提供；商业承兑汇票的拒绝证明由商业承兑汇票的出票人开户银行提供。

105. 票据追索通知的时间是多久？

《电子商业汇票业务管理办法》第六十八条规定：持票人因电子商业汇票到期后被拒绝付款或法律法规规定其他原因，拥有的向票据债务人追索的权利时效规定如下：

（1）持票人对出票人、承兑人追索和再追索权利时效，自票据到期日起 2 年，且不短于持票人对其他前手的追索和再追索权利时效。

（2）持票人对其他前手的追索权利时效，自被拒绝付款之日起 6 个月；持票人对其他前手的再追索权利时效，自清偿日或被提起诉讼之日起 3 个月。

106. 哪些当事人具有票据追索权?

追索权的效力主要涉及享有追索权的人和被追索的人。

因为追索既是票据债权人向票据债务人行使票据权利的行为,也是票据债务人向票据债权人履行偿债义务的行为。持票人是享有追索权的主体。只有持票人享有了追索权,才会产生追索权的效力,如果持票人不具有追索权,追索权的效力也就无从提起。至于持票人是如何取得票据的和授受票据的原因,不予过问,只需要是合法的善意取得。

107. 行使追索权的持票人包括哪些?

行使追索权的持票人主要有以下两种:

一是追索权人为票据的最后一个持票人。实际上这个最后持票人是票据唯一债权人,如果他享有了追索权并予以行使,这就是最初的追索,持票人被称为第一次偿还权利人。

二是追索权人为清偿票据债务后的持票人。这就是票据债务人(包括背书人、保证人)已经清偿票据债务,从而持有票据,享有与持票人同样的权利。它所享有的追索权被称为再追索权,其权利人又被称为第二次偿还权利人。

【点评】

在票据转贴现业务中，一旦票据被拒付，拿到拒绝证明以后，最后一手持票人应当立即向其直接前手发起追索。通常直接前手是自己的直接当事方，实力较强，发起追索的效果较好。非自己的直接前手的当事方，通常作出沉默的表示。法律上赋予我们对所有前手进行追索的权利，但如果对所有当事方都同步发起追索，通常没有重点，同时发力的力度不够，这种追索的效果不佳。

108. 票据被追索的对象有哪些？

债务人在追索权中属于被追索的一方，负有偿还责任，被称为偿还义务人。票据的出票人、背书人、承兑人和保证人，对于持票人承担连带责任。

（1）票据的出票人、背书人、承兑人和保证人，作为负有连带义务的票据债务人，对于持票人所追索的票据金额及利息、费用，各自都负有全部清偿的义务。

（2）票据债务人对于持票人的追索，无论是对自己一人的，或者包括自己在内数人的，或者是全体的，都应当依照法律规定接受。

（3）票据债务人对于持票人的追索，不应当以先后次序为借口加以推诿,《中华人民共和国票据法》规定持票人可以不按照债务人的先后顺序行使追索权。

清偿了票据债务之后,票据债务人中的一人或者数人之间如何分担债务,按照《中华人民共和国民法典》的规定是负有连带义务的人要偿付应当承担的份额。份额可以是约定的,也可能是法定的,或者是按照一定的法律原则由票据当事人商定的。

109. 可追索的金额包括哪些?

追索金额是指行使追索权时请求支付的金额,也就是追索权的标的。《中华人民共和国票据法》规定金额和费用主要有下列三项:

(1)被拒绝付款的票据金额。这是指被拒绝付款的票据上所记载的金额,因为在《中华人民共和国票据法》上未作可以部分付款的规定,不存在部分付款后的部分拒绝问题,如果一张汇票遭到拒绝,则应是其全部金额遭到拒绝。

(2)票据金额自到期日或者提示付款日起至清偿日止,按照中国人民银行规定利率计算的利息。

(3)取得有关拒绝证明和发出通知的费用。

对第一追索权人已作出清偿并收回票据的当事人行使再追索权时,应请求其他票据债务人支付下列金额和费用:

(1)已清偿的全部金额。

(2)前项金额自清偿日起至再追索清偿日止,按照中国人民银行规定的利率计算的利息。

(3)发出通知书的费用。

110. 对追索权有什么限制条件？

持票人可以有选择地行使追索权，也可以变更被追索人，但是追索权是有限制的。按照《中华人民共和国票据法》的规定，追索权的限制主要体现在：背书人成为持票人后，对其后手无追索权。追索权是持票人对前手行使的权利，背书人在清偿了债务成为持票人后，只能对其前手背书人、出票人及他们的保证人行使追索权。

111. 什么是票据追索权的丧失？

票据追索权的丧失是指持票人在法定的或约定的期限内，不行使票据权利，也不作出保全票据权利的行为，致使持票人对于票据债务人的追索权归于丧失。主要情况如下：

（1）持票人对票据的出票人和承兑人的权利，在法定期限内不行使，导致票据权利的消灭，从而使票据的追索权归于丧失，其从属于票据权利时效消灭。

（2）持票人对前手的追索权，自被拒绝承兑或者拒绝付款之日起超过 6 个月不行使，票据权利消灭，追索权随之丧失。

（3）持票人对前手的再追索权，自清偿之日或被提起诉讼之日起 3 个月内不行使的，其再追索权归于丧失。

（4）汇票的提示承兑，在《中华人民共和国票据法》中规定了一定期限。未按照规定期限提示承兑的，持票人丧失对其前手的追索权。

（5）持票人不能出示拒绝证明、退票理由书或者未按照规定期限提供其他合法证明的，丧失对前手的追索权。

需要特别强调的是，持票人在丧失追索权或再追索权后，只是票据权利丧失，但仍享有民事权利，即利益偿还请求权。

112. 什么是票据的付款请求权？

付款请求权是指持票人在规定的提示付款期内，向银行承兑汇票的承兑人（承兑银行）或商业承兑汇票开户行出示票据，请求支付相应数额的票据金额的一种权利。

银行承兑汇票，向承兑银行索款；商业承兑汇票，向承兑企业索款。

付款请求权行使人必须是具有合法权益的正当持票人，行使权利的对象是票据的承兑人或付款人。权利行使后效力主要表现为持票人现实得到了票据金额并返还票据，承兑人或付款人现实地支付到期票据款项并收回票据，票据关系绝对消灭和完全终止。

【案例】

×××科技发展股份有限公司关于公司涉及
票据付款请求权纠纷案的诉讼公告

一、董事会办公室收到诉讼通知的情况

×××科技发展股份有限公司（以下简称公司或上市公司）于2018年9月18日收到××市××区人民法院送达的关于票据付

款请求权纠纷一案的传票、应诉通知书、举证通知书、民事诉讼状等文件。

二、本次诉讼的基本情况

1. 诉讼当事人原告：×××商业保理有限公司被告一：××特种钢管有限公司（以下简称××特管）。被告二：×××科技发展股份有限公司。被告三：×××商贸有限责任公司（以下简称×××商贸）。

2. 原告诉讼请求

（1）请求判令被告××特管向原告支付票据款 500 万元及利息（自 2018 年 5 月 22 日起至给付完毕之日止，按中国人民银行同期贷款利率计算）。

（2）请求判令被告带责任。

（3）由被告承担本案诉讼费、保全费等全部费用。

3. 事实与理由

2017 年 11 月 6 日被告××特管向×××商贸开具一张票据金额为伍佰万元的商业汇票【票据号码 2305651000108201711061＊＊＊＊＊＊23】，于同日对汇票进行承兑并在电子商业汇票系统中进行了登记。2017 年 11 月 6 日，收款人×××商贸将汇票质押给原告并在电子商业汇票系统中进行了登记。

2017 年 8 月 31 日，被告××特管董事会决议同意承兑并于 2017 年 11 月 6 日在电子商业汇票系统中进行了登记。2017 年 8 月 31 日，被告同意为前述票据进行出票保证并于 2017 年 11 月 6 日在电子商业汇票系统中进行了登记。

被告××特管系出票人、承兑人，应承担相应的票据责任；被告×××商贸系背书人，应对持票人承担连带责任；被告××特管承担连带责任。

113. 商业汇票逾期责任是什么？

汇票一经承兑，承兑人即成为票据的主债务人，即第一付款责任人，负有到期无条件付款的义务。承兑人或付款人违背承诺未能按期付款，应当承担由此对持票人造成的损失。银行承兑汇票，持票人应当立即起诉承兑银行，财务公司承兑汇票应立即起诉承兑的财务公司，商业承兑汇票应立即起诉承兑的企业。

114. 拒绝付款证明的要素有哪些？

《电子商业汇票业务管理办法》第六十四条规定：承兑人付款或拒绝付款，必须记载下列事项：

（1）承兑人名称。

（2）付款日期或拒绝付款日期。

（3）承兑人签章。承兑人拒绝付款的，还应注明拒绝付款的理由。

【点评】

拒绝付款证明的要素必须包括谁拒付的、什么时间拒付的、什么理由拒付的、发出拒绝证明的方式。

115. 什么是票据逾期付款责任？

（1）《中华人民共和国票据法》一百零五条规定："票据的付款人故意压票，拖延支付，给持票人造成损失的，依法承担赔偿责任。"

（2）《支付结算办法》第二百四十一条规定："银行办理支付结算，因工作差错发生延误，影响客户和他行资金使用的，按中国人民银行规定的同档次流动资金贷款利率计付赔偿金。"

（3）《支付结算办法》第二百四十二条规定："银行违反规定故意压票、退票、拖延支付，受理无理拒付、擅自拒付退票、有款不扣以及不扣、少扣赔偿金，截留挪用结算资金，影响客户和他行资金使用的，要按规定承担赔偿责任。因重大过失错付或被冒领的，要负责资金赔偿。"

（4）《违反银行结算制度处罚规定》第十五条规定："银行因工作差错，发生结算延误，按存（贷）款利率计付赔偿金；违反银行结算制度，延压、挪用、截留结算资金，影响客户和他行资金使用的，要立即纠正，并按延压的结算金额每天万分之五计付赔偿金；因错付发生冒领，造成资金损失的，负责资金赔偿。"

116. 票据逾期付款，监管部门会如何处罚？

（1）《中华人民共和国票据法》第一百零五条规定："票据的付款人对见票即付或者到期的票据，故意压票，拖延支付的，由金融行政管理部门处以罚款，对直接责任人员给予处分。"

（2）《支付结算办法》第二百四十五条规定："银行违反规定故意压票、退票、拖延支付，受理无理拒付、擅自拒付退票、有款不扣以及不扣、少扣赔偿金，截留、挪用结算资金的，应按规定承担行政责任。"

（3）《违反银行结算制度处罚规定》第十六条规定："银行违反银行结算制度，任意压票、退票，截留、挪用结算资金，按结算金额对其处以每天万分之七的罚款。"

（4）《违反银行结算制度处罚规定》第十七条规定："银行违反规定受理无理拒付、擅自拒付退票和有款不扣拖延付款，以及不扣、少扣赔偿金的，除按结算金额每天万分之五替付款单位承担赔偿金外，要对其处以 2000 元至 5000 元的罚款。"

117. 什么是票据的非交易过户？

依据《上海票据交易所票据非交易过户业务操作规程》：

第二条规定：本规程所称票据非交易过户是指因法院判决、赠与等事由，通过中国票据交易系统（以下简称交易系统）办理票据权属变更登记的业务行为。

第五条规定：系统参与者申请票据非交易过户，必须通过交易系统提供并上传用于证明票据非交易过户事由存在的文件影像，包括但不限于以下原文件影像：

（1）因法院判决办理非交易过户的，需要上传司法机关出具的法律文件。

（2）因赠与办理非交易过户的，需要上传经公证的赠与书、受赠书或者赠与合同。

第六条规定：系统参与者应当对办理票据非交易过户业务中上传证明文件的真实性、准确性、完整性、有效性和合法性负责。

【点评】

先处理刑事犯罪，再处理民事票据纠纷。这种处理方式，将使得最后持票银行陷入资金利益损失中。

118. 贴现后票据的会计处理是怎样的？

已背书给其他方但尚未到期的银行承兑汇票已将该等应收票据所有权上几乎所有的风险和报酬转移给被背书方。根据《中华人民共和国票据法》，当持票人的付款请求权没有获得满足或者有可能无法获得满足时，在符合法定的条件之后，可以向背书人及其他偿还义务人主张票据权利。

119. 是否可以对商业承兑汇票兑付责任进行强制执行公证，一旦拒付就进行强制执行？

公证处可以办理商票公证，能否公证要看票面和合同文本才能确定。到期承兑人拒付，公证处可以出强制执行公证书，当事人拿着强制执行书不用走诉讼程序，直接向法院申请强制执行。下面是强制执行公证的相关法律法规：

（1）《中华人民共和国公证法》第三十七条规定：对经公证的以给付为内容并载明债务人愿意接受强制执行承诺的债权文书，债务人不履行或者履行不适当的，债权人可以依法向有管辖权的人民法院申请执行。前款规定的债权文书确有错误的，人民法院裁定不予执行，并将裁定书送达双方当事人和公证机构。

（2）《中华人民共和国民事诉讼法》第二百四十五条规定：对公证机关依法赋予强制执行效力的债权文书，一方当事人不履行的，对方当事人可以向有管辖权的人民法院申请执行，受申请的人民法院应当执行。公证债权文书确有错误的，人民法院裁定不予执行，并将裁定书送达双方当事人和公证机关。

票据图形篇

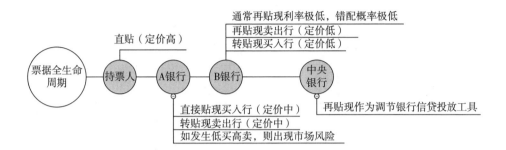

图1 票据全生命周期

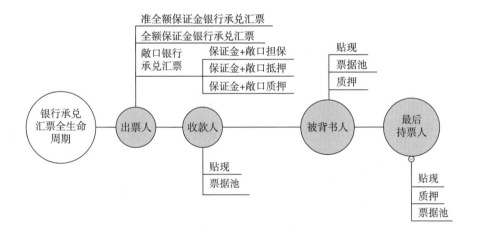

图2 银行承兑汇票全生命周期

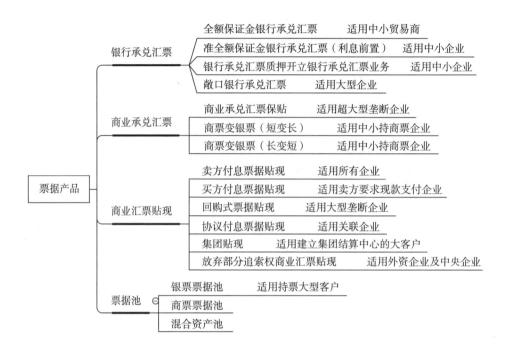

图3 票据产品分类

图4 银行承兑汇票保证金存款收益比较

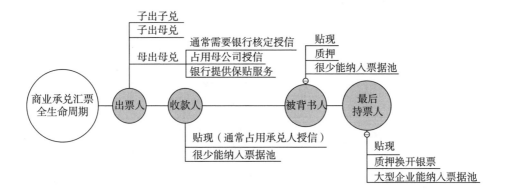

图5　商业承兑汇票全生命周期

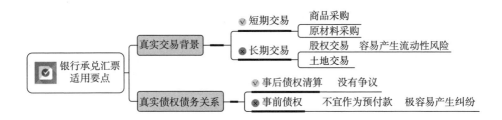

图6　银行承兑汇票适用要点

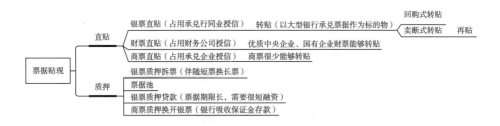

图7　票据贴现分类

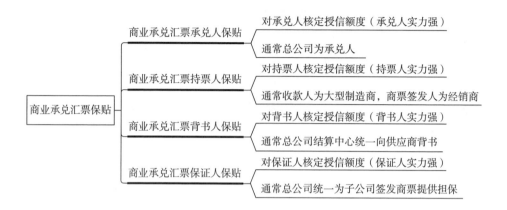

图8 四类商业承兑汇票保贴业务比较

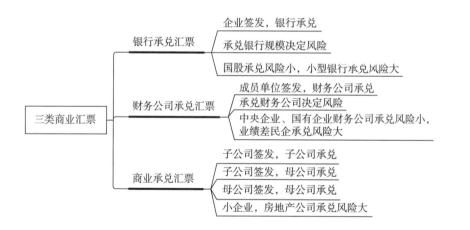

图9 三类商业汇票业务比较

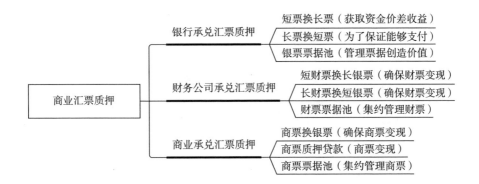

图10　商业汇票质押分类

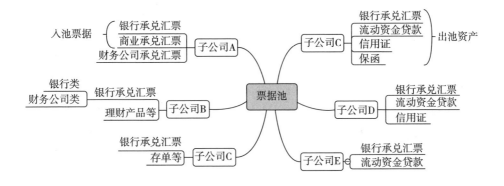

图11　票据池结构

后 记

我的"票友"职业生涯

我做过多年银行票据中心负责人,我把票据当成自己最好的朋友,自嘲为"票友"。每日深度钻研,我从不认为票据中心就是单纯的产品部门。票据中心应当是一个前线部门,我积极支持分行通过票据拓展存款。

很多银行的票据中心就是一个贴现、转贴现的操作部门,我们银行票据中心不但承担贴现、转贴现的职责,还承担票据拆分业务、票据池业务管理职责。我对产品非常感兴趣,一直喜欢深度钻研。所以,我认为除了帮助全行做好贴现,还有一个重要的职责就是支持所有票据产品在银行推广。

在工作中,我发现很多客户经理很辛苦,很匆忙,每天都在拼关系。我感觉很痛心,我们是一家金融机构,票据产品是一个帮助客户非常有效的工具。票据交易所推出的票据新一代系统可操作等分化的票据,我认为这是我们一个巨大的机会,我开始创新两个主要产品。

第一个产品就是找到等分化票据创新点,短期票据质押签发新长期票据,通过票据期限差沉淀资金,可以帮助企业产生资金收益,有巨大的市场价值。

第二个产品就是现在很多中央企业签发应付信用凭证，这些信用凭证都是一种仅能在中央企业建立的内部网络里流通的凭证，成本比较高，我又创新银行可以将这些凭证质押开立银行承兑汇票，这种方式非常新颖，还可获得非常可观的存款。

票据产品非常有技术含量，非常有价值，创新的速度也非常快，值得所有银行人认真研究。未来，票据创新一定不是单纯在票据自身这个很窄的领域内自我发展，它一定横跨结算、信贷、信用证、理财等银行品种进行相互交融，这才是票据发展创新的方向。

票据中蕴含了存款，存款不是拿来的，是用头脑创造出来的。